JN121305

走らなかった鉄道

未成線を追う

今福線

油須原線

呼子線

国鉄貨物短絡線

五新線

▲▼名羽線

まえがき

鉄道は古くから趣味の対象として広まっており、昨今のデジタルカメラやネットの普及で楽しみ方は一層広がっている。その中でも異端とされているのが未成線だ。

未完成の鉄道路線「未成線」に対して、完成した路線は「既成線」という。しかし車両が走っていて当たり前の鉄道において、既成線と呼ぶ機会は少ない。建設中の路線は建設予定の路線名で呼ばれ、未成線と一括りにされることは少ない。未成線と呼ばれるのは、計画されたものの建設が進まない路線や、建設途中に放棄されたままになっている路線の総称ともいえる。

時刻表にも乗らず路線図にも描かれず、レールもなければ車両も走っていない未成線は、鉄道趣味において鑑賞すべき対象が著しく少ない。しかし未完成の土木構造物からは土木工事の進め方や地形の選び方、未着工の路線からは鉄道建設の許認可や用地買収などの難しさを学ぶことが出来る。何より廃線跡と違うのは、鉄道開業前の街並みを観察することが出来ることだ。

鉄道が開業した町では廃線後も商業施設や道路、街並みから鉄道の痕跡を感じることが出来る。しかし鉄道が誘致されるほどの産業や人口を抱えていながら、鉄道の影響を受けていない街並みを見られるのは未成線の魅力の一つである。

また、廃線跡が現役当時の映像や手記などノスタルジー要素が強いのに対して、それらを持たない未成線の魅力はパラレルワールドだ。もし当時の僅かなタイミングの違いで完成していれば、現在とは大きく違った未来だったろう。いま当たり前のように走っている路線も、当初の計画通りに建設出来ずに、繋ぎ合わせた結果が現在の路線になったものもある。交流の少ない町同士が鉄道によって日常的に往来するようになっていたら、どんな交流が生まれたのか。

もちろん、そんな未来は訪れなかったのだけれど、未完成の路線の中にはほとんど完成したまま放棄された路線も少なくない。鉄道網を整備していくうちにモータリゼーションに追い越されて完成前に無用になってしまう不運や、戦闘的なほど拡大路線だった私鉄の群雄割拠の時代など、かつての鉄道がどれほど期待されていた存在だったかを鉄道計画から垣間見ることが出来る。

開業した路線の歴史が地層だとするなら、着工したにも関わらず中止になった未成線の歴史は断層であり、その前後の変化が凝縮されている。鉄道として当たり前のものが存在しないからこそ、見えてくるものがあるのではないだろうか。

未成線の歩き方

無いことを楽しもう

廃線跡のように全ての鉄道遺構が揃っているわけではありません。遺構が見つけられなかったら、見つからなかった理由や作られなかった理由を探してみるのも楽しみ方の一つです。

地図を携行しよう

都市部の未成線なら、今昔地図のように古い地図と比較できる地図を見ながら歩くと、建設当時の街並みがイメージしやすくなります。

山間部の未成線なら等高線図を見ながら歩くと、線路は急勾配や急カーブを描かないので、建設予定地や現在地の目安がつけやすくなります。

周囲をよく見よう

周囲の景色を多く取り込む方が、鉄道が出来ていたらどんな光景だったかイメージしやすくなります。駅前にどんな店が出来たのか、鉄道が走っていたらどんなアングルで写真を撮っただろうか、さまざまな視点で楽しみましょう。

立ち入りの諸注意

私有地や隣接地の立ち入りには、住人の方に一声掛けましょう。当時の話を聞くチャンスにもなります。山間部の場合は入林許可などを届け出ましょう。山間部では、ヒグマなどの大型動物だけでなく、ヒルやダニなどの虫にも要注意です。

未成線をより深く知るための用語集

◆改正鉄道敷設法

1892（明治25）年に制定された鉄道敷設法の路線が概ね整備され、新たな路線建設のために1922（大正11）年に制定された法律。幹線路線の建設が主だった鉄道敷設法に対して、ローカル線建設に重点が置かれ200近い路線が盛り込まれローカル線建設が進められていった。1987（昭和62）年の国鉄民営化により廃止された。

◆鉄建公団

正式名は「日本鉄道建設公団」。鉄道建設を目的として、国と国鉄の出資で1964（昭和39）年に設立された。鉄道建設審議会を経て、運輸大臣による指示で路線を建設する。新幹線や青函トンネル、都市鉄道や民間鉄道の建設も担当する。鉄道建設を担っていた国鉄工事局から業務や人材の多くが引き継がれた。

高度経済成長による都市圏の輸送対策に追われて余裕がない国鉄に代わって鉄道新線を担当し、完成後は貸付や譲渡するのが名目だった。設立の際、後の総理大臣で道路整備や鉄道建設に大きな影響力を持った田中角栄が、深く関与したとされる。

鉄道建設公団の地方路線建設は政治家の影響を強く受け、赤字が確実な路線も建設され国鉄に押し付けられることになった。1980（昭和55）年に、ローカル線のほぼ全ての建設が凍結された。凍結対象となった地方開発線（A線）地方幹線（B線）は合わせてAB線と呼ばれ、多くの未成線を生むことになった。

1998年に国鉄清算事業団を吸収、2003年に船舶整備公団や新幹線鉄道保有機構などが合併した運輸施設整備事業団と統合され、独立行政法人鉄道建設・運輸施設整備支援機構となった。

◆赤字83線

国鉄の赤字再建のため鉄道としての使命を終えた路線として83路線、合計約2590㎞の赤字路線が1968（昭和43）年に選定された。

輸送の主力がバスやトラックが主力になっていることや、定期需要が少ない（片道1日3千人、貨物は600t）、沿線人口が少なく乗り換え需要も少ない短い路線（100km以下）などが基準となった。これをきっかけに全国的に廃止反対運動が起こり、路線の廃止が進みにくくなったため、後の強硬な廃止バス転換などに発展していった。

赤字路線の廃止を検討する一方で、鉄道建設公団によるローカル線建設は進められていた。

◆国鉄再建法

正式名は「日本国有鉄道経営再建促進特別措置法」。1980（昭和55）年に制定され、1985（昭和60）年までに国鉄の経営基盤を整えることを目的としている。合理化による人員整理や採算性の確立、設備投資の削減が行われた。赤字路線では地方運賃制の導入が可能になった。これに基づき輸送人員の少ない赤字ローカル線の廃止や建設中止になり、バス転換が行われた。しかし1987（昭和62）年に、国鉄民営化のため廃止された。

◆国鉄清算事業団

正式名は「日本国有鉄道清算事業団」。1987（昭和62）年の国鉄民営化の際に、国鉄の資産などを直接継承して発足した。JRに移譲されなかった資産や人員を引き継いでいる。

使わなくなった鉄道車両、廃線跡や駅前貨物施設などの鉄道関連用地のほか、建設の見込みがなくなった鉄道建設公団の路線も引き継いだ。バブル崩壊の地価下落により償還目標を達成できないまま、約30兆円の債務を残して1998年に解散した。日本鉄道建設公団に継承された債務は国の債務として処理された。

◆路盤

線路を支える構造物。鉄道車両の重みはレール、枕木、道床、路盤を経由して地面に分散される。砕石(バラスト)やコンクリート(スラブ)などの道床の下にある盛土や鉄骨(橋梁)コンクリート(トンネル)などが路盤である。道床や枕木などは鉄道会社の管轄になるため、未成線として設置されるのは基本的に路盤である。

◆築堤

川の堤に土などを盛ることに倣って、鉄道や道路などの周囲より高くなった平坦路を指す。鉄道は高低差を少なくするため、高い築堤が設けられることも多い。築堤の法面(斜面)は崩れにくいよう45度以下の角度が理想とされている。このため、路盤の幅からおおよその線路面の高さが逆算でき、逆に路面の高さから路盤に必要な幅も推定できる。

◆短絡線

遠回りになるルートに対して短距離で結ぶルート。未成線は、昔の土木技術では山間部を迂回していた路線を、長大なトンネルでショートカットする場合が多い。短絡ルートが出来ると運用に必要な車両が減り運賃も下がることになるが、赤字ローカル線で恩恵にあずかることは難しい。また、豪雪など災害時の迂回ルートとして、冗長性の目的を持つこともある。

走らなかった鉄道　未成線を追う　◎目次

名羽線
北海道

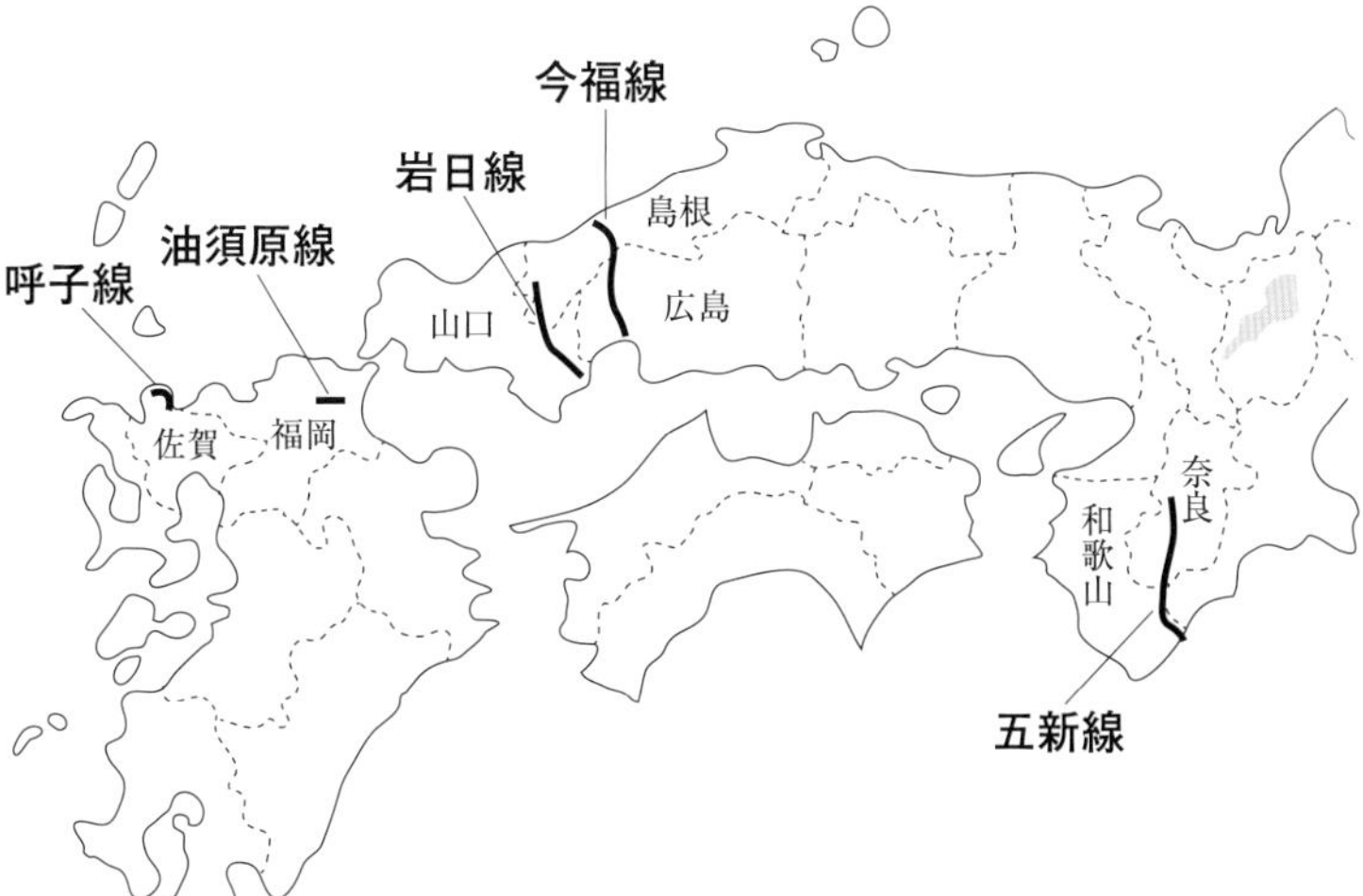
今福線
岩日線
油須原線
呼子線
島根
山口
広島
佐賀
福岡
奈良
和歌山
五新線

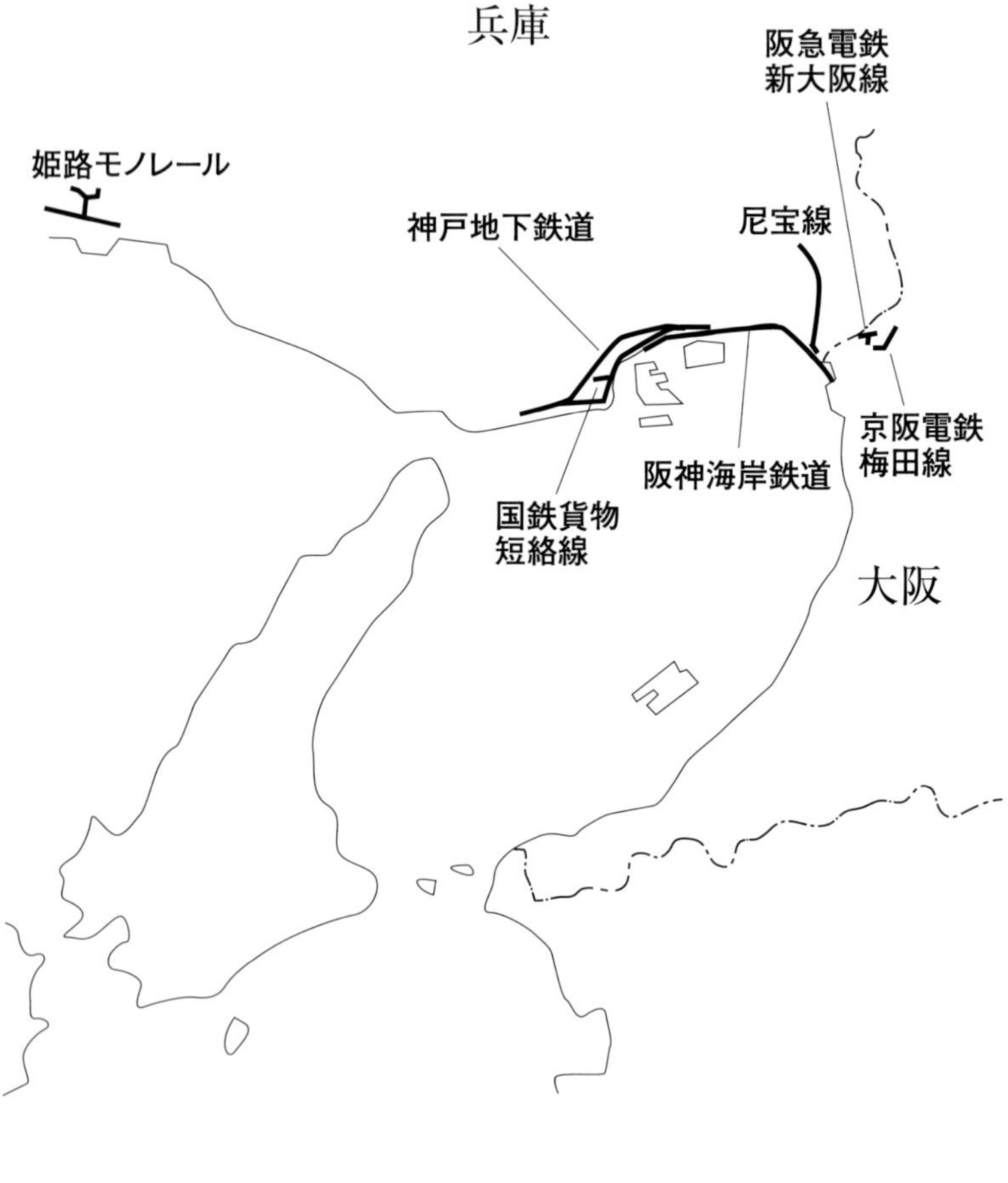
兵庫
阪急電鉄
新大阪線
姫路モノレール
神戸地下鉄道
尼宝線
京阪電鉄
梅田線
阪神海岸鉄道
国鉄貨物
短絡線
大阪

国鉄編

五条S.T.
和歌山本線天王寺起点35K 450M
阪本線五条起点0K 000M
吉野川
紀ノ川
丹生川
五条市
城戸S.T.
五条起点11K 500M
奈良県
立川渡S.T.(無)
五条起点14K 620M
和歌山県
富貴村
阪本S.T.
五条起点22K 480M
大塔村
1 0km 1 2 3 4

紀伊半島を貫く
未成線の代表的存在

五新線

【路線概要】

五新線は未成線を代表する路線である。奈良県五條市の五条駅（現ＪＲ和歌山線）と和歌山県新宮市の新宮駅（ＪＲ紀勢線）を結ぶ鉄道計画だ。五新線を題材にした映画も撮られ、景観の美しさや生活風景も相まって海外でも高く評価された。

紀伊山地を貫く壮大な計画で１９２０（大正９）年に期成会が結成され、その一部として奈良県大塔村阪本（現五條市）までをむすぶ阪本線が１９３９（昭和14）年に着工した。しかし戦争がはじまり、工事は一旦中止される。戦後に工事が再開されたが、バス専用道としての案が浮上するなど

して、工事は凍結された。その後、建設済みの区間を利用して国鉄バスが運行された。
国鉄バス専用道はＪＲ西日本に引き継がれ、後に奈良交通のバス路線となった。50年近くバス専

用道として運行していたが、トンネル老朽化を機に２０１４年に廃止された。２０１６年、「旧国鉄五新線（未成線）鉄道構造物群」は土木学会選奨土木遺産に選定されている。

地元の方々は未成線の活用の取り組みにも熱心で、観光地として長い歴史があることや、関西の都市圏から近いことを活かしてＰＲしている。２０１７年には、第1回未成線サミットが開催された。

ちなみに五條と新宮を結ぶ路線バスは、日本一の長距離バスとして人気である。

■　■

五新線の起点になる予定だったＪＲ五条駅前には、現在路地に並ぶ商店街と国道24号沿いのロードサ

イド店があり、西にいくと五條市の行政の中心地がある。吉野川沿いには４００年前の街並みを残す五條新町が広がり、国重要文化財の含む建造物群保存地区になっている。

五条駅の駅前バス停には、五新線跡を走る奈良交通が発着していた。かつての国鉄バス時代の専用バス乗り場は、駅舎の西側面に残されている。

五新線が和歌山線から分離するのは、五条駅から１㎞ほど西にある法務局北側。和歌山線から分かれた道は吉野川に向かい、連続アーチ橋が市街地を90度ほどのカーブを描いて進んでいく。国道24号との交差部は２０１１年に国道拡幅工事のため撤去され、現在は分断されている。２００５年にはアーチ橋の上にミニＳＬを走らせるイベントが開催され、子供たちを乗せた列車が国道24号の上を走ることが出来た。江戸時代から続く風景をコンクリート橋が跨ぐというのは不思議な組み合わせだが、列車が走ることのなかった橋は今は色褪せつつも景観になじんでいるようだ。

和歌山線との分離地点

吉野川を渡る橋は架けられることはなかったが、昭和末期までは橋脚だけが川の中に立ち並んでいた。吉野川の左岸に渡ると、畑の中を築堤が南西に続いている。現在は大部分が切り崩され道路になったが、つきあたりにある福祉センターが野原駅の予定地だった。

路盤（鉄道を敷くために地ならしした地盤）は福祉センターの南側から再び姿を現し、川と国道を跨ぐ橋梁へと続く。跨道橋から南は国鉄バス時代に専用道として使われた区間で、跨道橋の北側にはバス専用道の入り口が今なお残っている。現在は市有地として立ち入り禁止となっているが、バス専用道だった当時も生活道路として使っている様子が散見された。

路盤

バス専用道だった頃の入り口

バス専用道の路盤は、いかにも鉄道らしい切通しや緩やかな曲線を描いている。交差点には踏切のような防護柵が設けられ、交通量の多い交差点ではバス専用道に一般車が入ってこないよう一般的な踏切とは逆に専用道を遮断する遮断機が取り付けられていた。路盤は1車線の幅だが、バス停では離合できるように拡幅され、集落にはバス停がいくつか設けられている。駅数が限られる鉄道では実現しにくい、バスの利便性の高さを発揮していた。

丹生川に対して直線的に走る五新線に対し、川に沿って走る国道はカーブも多く、路線バスはバス専用道と国道経由の二つのルートがあった。この国道168号は新宮市と奈良県大和高田市を結ぶ道路（現在は新宮市―大阪府枚方市）で、五新線と対をなす存在だ。

生子集落から南で丹生川が蛇行し始めると、路盤はトンネルや橋で右岸と左岸を往復し賀名生《あのう》

バス停と路盤

踏切のような交差点

の集落にたどり着く。駅が予定されていた賀名生は14世紀の南北朝時代に南朝の首都となった地域の一つで、当時から有名な梅林は今なおシーズンには大渋滞が起きるほどの景観地だ。

賀名生から城戸へと国道(旧道)が川に沿って屈曲するのに対し、五新線は長いトンネルで短絡しても僅かにS字カーブを描いているだけ。賀名生の集落で急カーブして、橋やトンネルを少なくする設計思想が感じられる。

城戸駅

バス専用道の終点の城戸駅は、西吉野村(現五條市)の中心部だ。国鉄バスの路線として城戸駅を名乗りつつ、鉄道駅として広い敷地と駅員が配置できる駅舎があった。駅前には商店とタクシー乗り場があり、ローカル線の駅の佇まいそのものだった。

城戸までは1960(昭和35)年に完成したが、阪本までの約11㎞には交通の難所の天辻峠があり、長らく開通が見込めなかった。そこで国鉄は五條から城戸までをバス専用道に改築する提案を行った。停留所も運転本数も倍増するバス専用道プランに西吉野村が賛同し、鉄道建設反対に転じて期成同盟を脱退したことで沿線自治体の対立が起きた。

そこに近鉄が五新線の引き受けを提案する。南和電気鉄道から引き継いだ御所—五条間の鉄道免許を和歌山線乗り入れで実現し、大阪阿部野橋から吉野口経由で直通運転する。阪本までの延伸と電化工事も負担し、西吉野村には4駅設置して30分間隔で運行する提案だ。

対抗して南海電鉄は橋本から国鉄和歌山線に気動車で乗り入れ、難波まで直通運転する提案を行った。

国鉄の提案は、森林資源のトラック輸送化などでバス転換のメリットが訴えられる一方、国鉄による鉄道延伸でなければ開通が期待できない十津川村による反対議決が起き、国鉄vs近鉄は政党の対立にも発展した。しかし、近鉄の乗り入れ提案は新宮行きバス路線を巡る南海との免許争奪戦が背景にあったようで、近鉄の乗り入れ提案は自然消滅。バス路線免許は、国鉄バスと近鉄の双方に交付された。

近鉄案が無くなったことで、鉄道vsバスの対立が再燃した。結果、双方の顔を立てる形で阪本まで鉄道で延伸工事を進めると同時に、城戸までは暫定的にバス転換を行い、併せて新宮までの

バス運行のパンフレット

延伸の調査も決定した。

　大阪から五條経由で新宮を結ぶ国道168号は、電源開発事業で道路整備が進み1959（昭和34）年に全通した。1963（昭和38）年には国鉄、奈良交通、熊野交通による五條—新宮を結ぶバスが運行開始した。


　五新線のバス専用道は、1965（昭和40）年7月10日から中型バスによる1日17往復で開業。国道168号を経由するそれまでのルートより20分短縮され、1日15往復で約2000人が利用するようになった。運賃は国道経由が100円（41分）に対して、500mごとに行き違い設備を設けた専用道経由は70円（26分）。鉄道代行のため、鉄道とバスの中間価格だった。10月から20往復に増便、1966（昭和41）年から全便大型バスに変更し21往復に。五条駅発着の列車に合わせて、概ね毎時往復した。

　後にワンマンバスとなり、手荷物輸送の他に富有柿の出荷も行った。トラック1両で2千個を運んだという。

　専用道経由のバスは、1987（昭和62）年の国鉄民営化後は国鉄バスからJR西日本子会社の西日本JRバスに引き継がれた。2002年に西日本JRバスは撤退するが、西吉野村の委託により奈良交通に引き継がれた。そして2014年には専用道のトンネル老朽化により、バス専用道自体が廃止になった。

五条—城戸間がバス専用道として開業した一方、1967(昭和42)年には城戸—阪本の工事が鉄道建設公団によって始まった。

城戸—阪本間(約11㎞)は、戦前に着工された五条—阪本(約11㎞)に比べて桁違いに高規格だ。

城戸駅の先には第9丹生川橋(89m)があり、すぐ城戸トンネル(759m)の長いトンネルに突入する。トンネルの先では塩川原橋梁(15m)を挟んで坂巻トンネルに入る。その後も、八阪橋梁(34m)、八阪トンネル(864m)、宗川橋梁(148m)、西野トンネル(218m)、と、間髪入れずトンネルと橋が連続する。

第9丹生川橋は、45mの巨大な橋桁二つで丹生川と県道を跨ぐ。国鉄清算事業団が管理していたが、今は五條市の支所の駐車場として利用されている。城戸トンネルから先は出入り口がフェンスでふさがれているが通行可能で、1996〜2001年に渡って五新線予定地は村起こし事業に利用された。

第9丹生川橋

城戸トンネルから八阪トンネルまでは山裾を縫うように通っており、道路からわずかに見える程度である。

宗川橋梁は中央部に１００ｍのラーメン橋（橋台と橋桁が一体化して繋がっている構造の橋）をもち、１９７７（昭和52）年に竣工した。国道１６８号が峠越えのために大カーブを描くのに対し、最短ルートでトンネルを抜けるため一跨ぎする。建設時は赤色だったが１９９６年に再塗装する際、西吉野村と協議して特産品をイメージした柿色（Ｔ１２—６０Ｘ）が選ばれた。

柿色に塗装された宗川橋梁

宗川橋梁は西野トンネルへつながる

西野トンネルは五新線最後の工事となった。

１９８０（昭和55）年の日本国有鉄道経営再建促進特別措置法（国鉄再建法）制定に先駆けて、前年の１９７９（昭和54）年には各地の鉄道公団線で工事予算が凍結されていた。その中、前年度繰越金で１９８０（昭和55）年12月に竣工した。このトンネルでは、２００１年に河瀬直美監督を招いて映画「萌の朱雀」の上映会が行われた。

映画「萌の朱雀」は、五新線沿線がテーマの映画だ。西吉野村の美しい景色を舞台に林業衰退の過疎化と生き様を描き、１９９７年カンヌ国際映画祭カメラ・ドール賞を始め多数の賞を受賞した。地元の中学生が主演に抜擢され、女優尾野真千子が誕生するきっかけになった。バス専用道の賀名生停留所では国鉄ロゴに張り替えたＪＲ西日本バスを使った通学風景が撮影されたほか、建設中止となったトンネルなどもロケ地となっている。

西野トンネルの銘板

２０１５年からはトンネル内の気温の安定性や林業資源を活かした省エネ型キノコ栽培の実証試験が行われ、２０１７年から「五新線しいたけ」として市販されている。

西野トンネルの先は、立川渡駅が出来る予定だった。トンネルの先に土木構造物はないものの、高い木々の中に線路幅の隙間が続き、足元には鉄道用地の境界標が続いている。トンネルの先に、盛り土をして線路を通す築堤を築く予定であれば、線路幅の数倍は敷地が必要である。山の斜面からの湧水も考えると、高架橋を建築する予定だったと考えられる。

しかし当時の設計図では、西野トンネルの先から立川渡駅まで全くの空白となっている。駅前

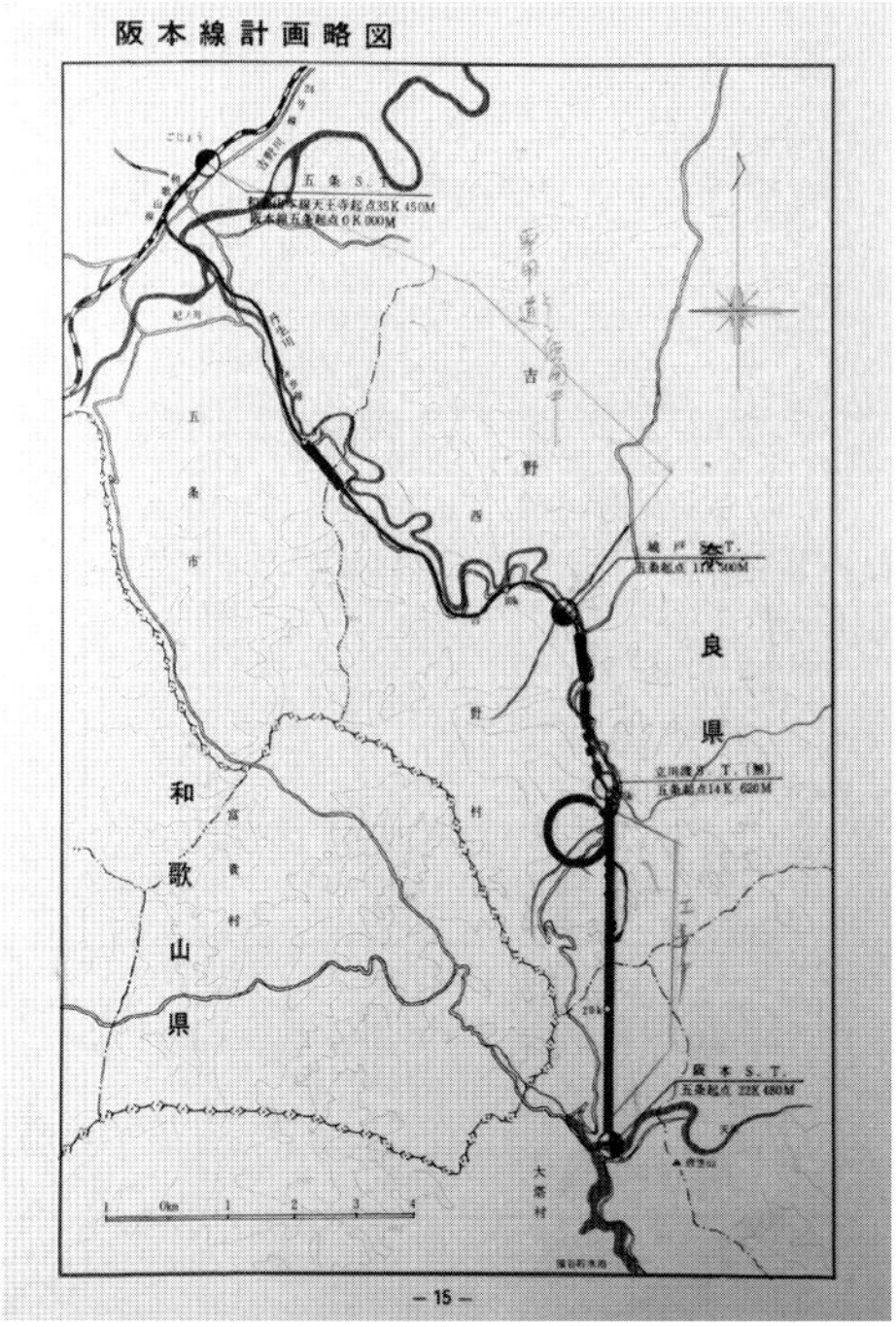

阪本線（五新線）の計画図

立川渡トンネルへ通じる第１立川橋橋梁予定地

となるはずの禅龍寺で話を伺ったが、用地買収などの話は耳にしていないという。駅の先には立川渡トンネルも予定されていたが、そちらも準備工事の痕跡も見つからなかった。宗川の集落の左岸には宗教施設が集まっているので、用地取得の容易な公有地だけ確保した可能性が考えられる。西野トンネルへ向かう線路用地は、キノコ栽培の運搬路として整備されて姿を消した。

五新線最大規模の未成が、この立川渡トンネルだ。立川渡集落の南から天辻トンネルに向けて山の中をループする全長２１４０ｍのトンネルで、半径３５０ｍで80ｍ近い標高差を稼ぐはず

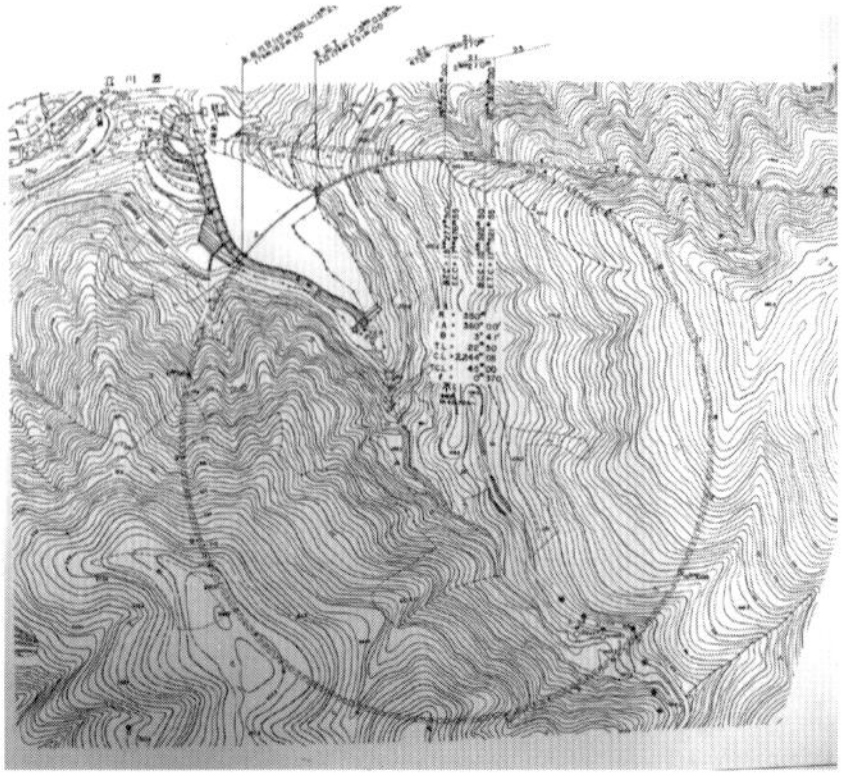

線路図に残る立川渡のループトンネル

永谷川橋梁の橋台

だった。しかし立川渡駅と第1立川渡橋梁の予定地には何もなく、トンネル入り口となる八坂神社付近も雑木林で何の痕跡も見つからない。

ところが旧国道168号を登っていくと、崖下に永谷川橋梁（13m）の右岸の橋台が姿を現す。この橋の北側に立川渡トンネルが出てくるはずだった。左岸に渡ってみると、護岸と一体化して橋台が藪に呑み込まれていた。すなわち目の前のコンクリ擁壁は、立川渡トンネルの出口の準備工事だけが行われた状態と言える。

永谷川橋梁の先には、天辻トンネルの工事現場や掘削したズリによる平場も存在していたが、立川渡トンネルの阪本側は準備工事しか行われなかった。40パーミル近い急勾配のトンネルでは下流側から掘り進めないと排水作業が困難になるため、立川渡の集落側に工事現場を設ける必要があり、着工が遅れたのではないだろうか。

天辻トンネル

立川渡トンネル予定地を過ぎ、旧国

道168号から天辻峠を望むと山腹に見えるトンネルが、天辻トンネルである。天辻峠の中腹を貫いて全長5039m、標高差116mのトンネルだ。1967(昭和42)年に着工し、破砕帯などに悩まされながら5年の歳月をかけて造られた。

旧国道からトンネルへは建設道路があり、トンネル掘削で出たズリで埋め立てた広い平場が作られている。建設が中止された際に鉄道用地の境界杭が整備され、工事事務所の痕跡も残っている。天辻峠は国道168号の基になった西熊野街道時代から、交通の難所として知られていた。1922(大正11)年に天辻隧道が造られ、国道に昇格。1959(昭和34)年には新天辻隧道も造られた。しかし1981(昭和56)年に西野トンネルが開通するまでは、大正時代に造られた立川渡の集落を経由するルートが国道だった。

土砂崩れの多い峠越えの国道では約15㎞あるところを、鉄道用トンネルは約半分の距離で結ぶことが可能になる。そのため、トンネルをバス専用道にする話も出たが実現しなかった。行き違い設備のない約5㎞のトンネルで、バスを運行するのは難しかったと思われる。

鉄道としてもバス専用道としても使われなくなった天辻トンネルだが、1995年から大阪大学の観測施設として再活用されている。地表から400m、トンネル両端から2㎞以上隔離されている立地を活かして、宇宙線を利用した地層や地質の研究、宇宙の謎に迫る暗黒物質の検出を行っている。

天辻トンネルを抜けるとすぐ国道１６８号と交差する。この付近は、建設当時はバス１台の幅しかないような「酷道」だったが、トンネル出口は国道拡幅予定地を占有して造られていた。建設中止後も国鉄清算事業団が１９９７年まで占有許可を得ていたが、鉄道用途に使われる目途もなくなり、２００７年に天辻トンネルの坑口を造り直し、片側１車線の道路に拡幅された。

写真左手に阪本駅が出来る予定だった

国道と交差した先で阪本駅が予定されていたが、実際に設計されたのは２２・３３６㎞地点、トンネル出口の擁壁から約５ｍの地点だった。計画では猿谷ダムの湖畔を約２００ｍ進み、湖畔に阪本駅が予定されていた。国道から見る阪本駅は、

阪本駅設計図

湖上に浮かぶ駅のようだったろう。天ノ川を天川橋梁（109m）で渡ると、阪本の集落の西端でトンネルに入る予定だ。トンネル予定地付近は、偶然にもコンクリートで法面養生が施されていた。

■ ■

膨大な森林資源を抱える紀伊半島は、その地形ゆえに陸の孤島と呼ばれ、鉄道網の発達が遅かった。新宮を目指した鉄道路線が、暫定的に阪本を目指した理由は十津川水系との輸送が大きい。五條は紀伊半島の北部にあり、和歌山と伊勢を東西に結ぶ和歌山街道（伊勢街道）が通り、南の新宮へは西熊野街道が通じていた。さらに吉野川の水運の要所でもあるため、江戸時代には代官所が配置されていた。

1896（明治29）年に南和鉄道（JR和歌山線）の高田—五条が開通し、1903（明治36）年には和歌山まで延伸した。鉄道以外にも急峻な山間部を結ぶ索道がいくつも計画された。五条—阪本は1907（明治40）年に計画され、1917（大正6）年に開通している。

1912（大正元）年には、吉野軽便鉄道（近鉄吉野線）が吉野口駅から吉野まで開業。1915（大正4）年には高野山登山鉄道（南海高野線）が橋本まで開通した。どちらも旅客と木材の輸送が目的で、高野山登山鉄道は十津川の水運と索道で連絡していた。紀伊半島の南端部では新宮

―勝浦に新宮鉄道が開通したのが１９１２（大正元）年。ＪＲ紀勢本線の基となった官営鉄道は１９２３（大正12）年から順次開通していったが、全通したのは１９５９（昭和34）年だった。

内陸部の鉄道網がなかなか進展しない中、１９２４（大正13）年着工予定だった五新線は関東大震災で延期になった。その後も政権交代の度に、既存線改良優先や緊縮財政などで計画再開と中断を繰り返すことになる。

十津川村は鉄道省次官も務めた中川正左の出身地で、戦前の五新線の建設に際して、同僚の八田嘉明と後輩の五島慶太と視察に赴いている。中川正左は鉄道官僚や鉄道会社の重役も務め、１９２０（大正９）年には勲三等旭日中綬章、１９５５（昭和30）年には交通文化賞を受賞している。八田嘉明は南満州鉄道副総裁や東武鉄道取締役会長や鉄道省大臣を務め、戦後は高速道路網の建設を推進する日本縦貫高速道路協会の会長を務めた。五島慶太は後に運輸通信大臣を務め、東京急行電鉄（東急）を作り上げている。八田も五島も、ともに鉄道建設推進派だった。

１９３６（昭和11）年に和歌山出身の前田米蔵が鉄道大臣に着任すると、五新線の工事再開が決定となった。１９３９（昭和14）年に着工するが、１９４１（昭和16）年から工事はほとんど進まなくなり、１９４４（昭和19）年には全国的に鉄道建設が中断してしまう。

第二次世界大戦後は、林業の機械化や林道整備を行って木材資源の供給が最盛期を迎えていた。戦時中は休止していた金属鉱山も再開した。これらを輸送する索道の集約地も阪本にあった。

しかし1955(昭和30)年から始まった木材輸入の自由化で、林業は大打撃を受けた。林業衰退による悪循環で1970(昭和45)年には日本の木材自給率が半減し、森林鉄道もトラック輸送に転換されていく。同時期に鉱石も輸入自由化の影響を受け、近隣の鉱山が閉山となっていった。電力需要に応えるダム建設でも建設資材の鉄道輸送の出番はなく、道路整備によるトラック輸送が主役となっていた。

また、1953(昭和28)年の紀州大水害では、野迫川村は大きな被害を受け多数の離村が起きていた。1959(昭和34)年には五新線と並走する国道168号が全通し、新宮までバス運行が可能になった。

貨物需要と沿線人口の両方を失い、道路に主役の座を奪われた鉄道の必要性は十数年のうちに失われていった。古くから水害が多発している地域を通る国道168号は、現在は大規模な付け替え工事が行われ、高規格な高架道路が山深い景色の中に続くようになった。まるで五新線のように。

五新線の形見でもあるバス路線が廃止になった2014年からは「幻の五新鉄道活用プロジェクト」が開催されている。南朝の歴史遺産や五新線の遺構を地域資源として捉え、未成線跡のトンネルなどを使ったイベントや将来の五條の街づくりを考える勉強会も開催している。

２０１７年には「第１回未成線サミット」が開催され、各地の未成線を活用した地域づくりについて意見交換が行われた。また、五新線のウォーキングイベントや地域木材を活用した木製レールによる鉄道玩具の全長１kmの運転会などを定期開催している。

幻で終わらせなかった
鉄道の夢

油須原線

【路線概要】

鉄道が走るという夢をかなえた未成線がある。福岡県嘉麻《かま》市の漆生《うるしお》駅と福岡県赤村の油須原《ゆすばる》駅を結ぶ予定だった油須原線だ。

油須原線は北九州にある筑豊炭田の石炭の、短絡輸送を目的として計画された。1957(昭和32)年に着工し、1966(昭和41)年にはルートの西側が開業。その後も工事が進められたが、周囲の炭鉱の閉山が相次ぎ中断される。地元の要望もあり工事は再開されたが、開業しても赤字が見込まれることから、再び中断。三度工事が始まることはなかった。

未成に終わった油須原線だが、現在、一部の区間では地元の方々の手によってトロッコ列車が走っている。地元の熱意により、観光資源となった未成線だ。

■ ■

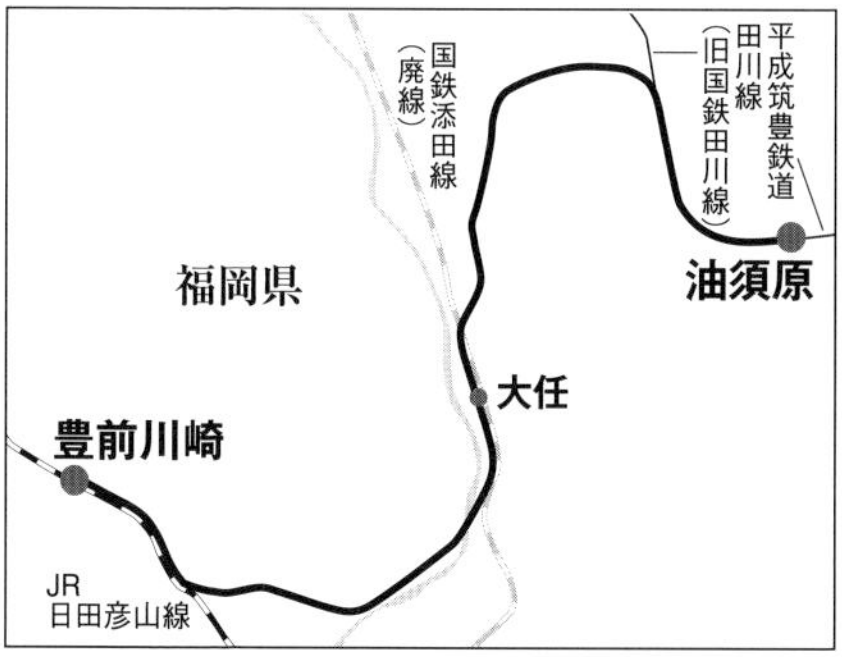

江戸時代の18世紀ごろには製塩の燃料として採掘されていた筑豊の石炭は、明治の日本の近代化の大きな支えとなった。

筑豊の炭鉱は、主に内陸部にあった。1800年代ごろは開削された堀川を通って舟運で海まで運ばれていたが、川幅が狭い遠賀川の水運では大量輸送には限界があった。現在の北九州市域では明治に入り石炭の積み出し港として門司の若松港が整備され、1901(明治34)年には官営八幡製鉄所が操業を開始している。

筑豊の石炭輸送は1891(明治24)年の筑豊興業鉄道(現・JR筑豊本線)を皮切りに、鉄道へ切り替わっていく。1904(明治37)年には日露戦争が起こり、鉄や石炭の需要が急増。九州鉄道によって、独占的に北九州の鉄道網が整備されていった。その後、九州鉄道の路線は国有化されている。

第2次世界大戦後は、戦後復興の政策「傾斜生産方式」により鉄鋼と石炭の生産が重要視され、1949（昭和24）年まで重点的に増産のためにリソースが割り当てられた。1950（昭和25）年には、九州全体の石炭生産量は国内の50％に達していた。朝鮮戦争特需も重なり、筑豊炭田と現在の北九州市域を結んでいた筑豊本線とは逆のルートを通って、苅田町の苅田港から石炭を輸送する短絡路として油須原線の建設が強く求められた。

建設候補となった1953（昭和28）年、朝鮮戦争が休戦になると特需も消え石炭不況が始まる。原因は、質の低い石炭の流通が増えたことによる石炭価格の値下がりや、国内炭鉱の長期ストライキ、安価な輸入炭の増加だ。産炭地では中小炭鉱の閉山と失業者の滞留、地域社会の貧困化が社会問題になった。

1955（昭和30）年から、石炭の生産を優良な炭鉱に集約するスクラップ・アンド・ビルド政策が始まった。炭鉱業は輸送コストが命運を分けるため、短絡線である油須原線の建設が正式に決定する。鉄道建設事業は、社会問題となっていた炭鉱閉山の失業者対策にもなった。

1957（昭和32）年に漆生―豊前川崎が着工、1960（昭和35）年には大任―油須原も着工した。

しかし1961（昭和36）年に、国内炭鉱の生産量は戦後のピークを迎える。1962（昭和37）

年に石油の輸入が自由化となり、１９６３（昭和38）年には石炭産業の崩壊を緩和させる第１次石炭政策が始まった。

筑豊炭田の炭鉱数は１９５１（昭和26）年の２６５をピークに減り、１９７３（昭和48）年には坑内掘の炭鉱は0になった。１９６６（昭和41）年には、漆生―豊前川崎が開業するものの、路盤の大部分が完成した１９６９（昭和44）年を境に工事がほぼ中断されてしまう。１９７９（昭和54）年の大任《おおとう》駅周辺の工事を最後に、１９８０（昭和55）年の工事凍結を迎えた。

１９８０年の国鉄再建法により、かつて筑豊炭田から石炭を運んでいた添田線は１９８５年、漆生線は１９８６年に廃止、上山田線はバス転換、田川線は伊田線や糸田線と共に第三セクターの平成筑豊鉄道に転換された。完成していた油須原線の路盤は、自治体に無償譲渡された。その多くは築堤を取り壊して道路拡幅に利用しているが、彦山川橋梁は撤去されないまま残されている。

油須原駅のある福岡県赤村では、１９９５年に開催した路盤跡を活かした運転会が好評だったため、門司機関庫から高速貨車の払い下げを受け、路盤跡に貨車を走らせて観光に利用することを計画した。しかしトンネルの路盤が、水道事業団の水道管用地に再利用されることになった。

水道管を埋めることにより路盤が嵩上げされると、通常の鉄道車両は通行できない。だが、鉱山などで使われるトロッコであれば通行可能である。そこで、水道管を埋設したコンクリート路盤の上に軌間610㎜のレールを埋め込み、神岡鉱山からトロッコの機関車を譲り受け、未成線に鉄道を走らせることを実現した。

未成線と平成筑豊鉄道の合流地点は赤村の役場やスポーツ施設もあるため赤駅を新設し、トロッコに乗り換えできるようになっている。赤駅が完成した2003年から月1回運転され、2018年には4万人を達成した。2018年は赤村にて第2回未成線サミットが開催され、未成線を活用した地域づくりを目指す団体が集まった。

■ ■

油須原線は豊前川崎駅(福岡県川崎町)から始まる。

かつて石炭列車で賑わった広い駅も、今では単線のシンプルな駅になっている。駅を出発した路線は日田彦山線と並走しながら南へ向かい、市街地を抜けると東へと分岐する。分岐点には信号場が造られる計画で、その予定地の中に用水路橋が残されている。

豊前川崎駅

日田彦山線と分岐した線路跡は道路に転用されており、やがて旧道と並走する。その先に造られたトンネルは今は埋められ、緑が生い茂る地帯になっていた。

トンネルの先に再び現れた線路跡は自動車修理工場の裏手を通り、藪に埋もれた切通の中を抜ける。県道453号と交差した先は築堤が撤去され、道路となって彦山川沿いに北へ進路を変えて続いていく。彦山川と交差する場所には、高い築堤と彦山川橋梁が残されている。この橋梁で彦山川と県道を跨いで、添田線と合流する。

合流地点は公園に

道路に残る線路の名残

彦山川橋梁

なっており、添田線の廃線跡と跨道橋も残っている。線路跡はしばらく桜街道と並走し、添田線大任駅跡にたどり着く。かつて「日本一の赤字路線」と呼ばれた添田線の中心駅だ。現在は交通公園になっている。

　大任駅の北で、油須原線は添田線の東側に分岐する。線路跡は道路になっているが、交差点のゆるやかな曲線はいかにも線路らしい佇まいだ。大任小学校の東にはトンネルがあったが、取り壊されて切通しに造り直し拡幅された。県道34号と交差した北側は、道路拡幅工事により跨道橋が埋められている。交差点を越えた先の大任町民グラウンドの西側では、道路の1段下にある線路跡が歩道になっていたようだが、す

大任駅跡

跨道橋が埋められている交差点

でに草に埋まっており藪と化していた。

野球場の北側には崖が立ち塞がり、廃線跡の道路は途切れる。その崖の上には線路跡が残されているが、山間部の線路跡は藪に呑まれ近付くことも難しい。集落沿いから断片的にたどることが出来る。

藪に埋まる路線跡

農道と並走するトロッコ列車線路

線路跡は食品センターの南側で野原越トンネルに入り、赤村に向かって東に大きくカーブを描く。線路跡に出るには、山を越えて赤村からアプローチを行わなければならない。
赤村にある平成筑豊鉄道の内田三連橋梁から御祓川《みはらいがわ》沿いに遡上すると、線路跡に辿りつく。内田三連橋梁は煉瓦造りの3連アーチ橋で、複線に拡幅できるよう片面を未完成のまま残してある珍しい橋だ。御祓川上流の勘久川を渡る線路跡周辺は築堤と農道が並走し、まるで今にも列車が走りそうな風景だ。この築堤の上は赤村のトロッコ列車の運転区間で、運転日には小型のトロッコ列車ながら鉄道の走る風景が実現している。

線路跡は築堤の先で本村トンネルを抜け、平成筑豊鉄道沿いに出てくる。このトンネルはトロッコの車庫も兼ねており、トンネルの手前で線路の真上を通る跨線橋には「油須原線」の銘板が取り付けられている。

線路跡は切通しを抜け、平成筑豊鉄道と並走する。付近の平成筑豊鉄道の橋梁は歴史が古いため、煉瓦造りのものが多くみられる。

長い直線区間を抜けた先にあるトロッコの終点には、平成筑豊鉄道赤駅の前に赤村トロッコ油須原線の赤村駅が設置されている。平成筑豊鉄道の赤村駅から油須原駅までは約1・5㎞あり、

跨線橋にある「油須原線」の銘板。
奥に見えるのが本村トンネル

切通し区間には単線幅しかないことから、この直線区間で合流していたと考えられる。

一つの路線に二つの未成線
「異例」づくしの陰陽連絡線

今福線

【路線概要】

山陽と山陰とを結ぶ鉄道は、いくつも計画された。広島市と島根県浜田市を結ぼうとした今福線もその一つ。1933（昭和8）年に着工され、広島側のルートは後の可部線となる。しかし第2次世界大戦により、工事は中断される。戦後になり、ルートを一部変えて工事は再開されたが、国鉄の赤字経営により凍結された。

線路跡の一部は道路に転用され、今福線は忘れ去られようとしていた。しかし、2008年に土木学会から「今福線コンクリートアーチ橋群」として選奨土木遺産に認定され、歴史的価値が注目されるようになる。負の遺産

であった遺構は、観光資源として売り出されようとしている。

■ ■

江戸時代に北前船などで発展していた日本海沿いの街と、明治以降に瀬戸内海沿いに発展していた重工業の結びつきは強く、中国山地を縦断する鉄道路線はいくつも計画された。そのルートの一つが広浜鉄道だ。このうち、島根県側のルートが今福線と呼ばれる。１８７７（明治10）年から敷設推進運動が行われ、１８９２（明治25）年の鉄道敷設法で建設すべき路線の一つとなった。

大正時代になると陰陽連絡線として山口線、伯備線、因美線、芸備線、木次線が続々と開通していく。１９２２（大正11）年の鉄道敷設法改

正で広浜鉄道の建設が決定となったが、関東大震災により着工されなかった。昭和恐慌を挟んだ1933(昭和8)年に、広島側の可部―加計(現・広島県安芸太田町)と浜田側の下府《しもこう》―石見今福が着工される。

広島―可部はすでに軽便鉄道で開通しており、これを1936(昭和11)年に買収して国有化、可部線となった。先んじて、1934(昭和9)年には、鉄道省によって広島―浜田のバス運行も始まっていた。

建設では戦争による資材不足で、コンクリート橋が多用された。加計までは1938(昭和13)年、浜田から今福までは1940(昭和15)年に路盤の大部分が完成していたが戦争の長期化で建設が中止された。終戦後の1948(昭和23)年に大型バスが運行され、急行バスや夜行バスの運転も始まった。鉄道工事も再開され、1954(昭和29)年に加計まで完了する。加計以北は1961(昭和36)年にルートが確定し、1969(昭和44)年に可部線三段峡駅までが開業した。

可部線は、1968(昭和43)年に国鉄諮問委員会が提出した意見書で、廃止かバス転換を促した、いわゆる「赤字83線」に指定され、廃止の勧告が出ていた。しかし今福線と接続する計画があったため、廃止を逃れていた。

三段峡から浜田市を結ぶルートは今福と旭町を経由することが決定し、1965(昭和40)年に着工式が行われ、1976(昭和51)年に全通する見込みだった。しかし浜田から下府川沿いに迂回するルートはカーブも多く、戦時中に建設された橋やトンネルは補強が必要だった。

高規格な路盤を長期的な維持費削減のために整備していた鉄道建設公団は、建設ルートを変更し、浜田―今福をトンネルでL字型に短絡する路盤を建設することにした。直線に近い緩やかなカーブで、浜田から今福にまっすぐ向かい、距離は当初の計画より5分の3に縮まった。鉄道省が計画した旧線と鉄建公団が計画した新線は浜田市佐野町で交差し、石見今福駅手前で再び合流する。1972(昭和47)年には石見今福―三段峡の認可も降り、開通すれば3時間で山陽新幹線の広島駅に連絡できるようになるため、「狭軌新幹線」と呼ばれた。

広島県側では中国山脈を貫く三段峡のトンネル建設のために、調査が開始された。1975

建設中の4連アーチ橋。下府川沿いに建てられ、別名は「おろち泣き橋」(浜田市提供)

現在は道路として使用されている「おろち泣き橋」

（昭和50）年には、今福と旭町間のトンネル工事も着工される。全通に必要な用地買収も半分以上済んでいたが、旭町では農地買収が困難になっていた。

しかし１９８０（昭和55）年、国鉄の慢性的な赤字による全国的な鉄道工事中止により今福線も工事が凍結。その後、路盤活用の話もないまま１９８５（昭和60）年に、今福線の期成会同盟は活動を停止する。

今福線と接続する見込みのなくなった可部線は、１９８４（昭和59）年に部分廃止が提案された。廃止反対運動で一旦回避されたが、国鉄民営化後の１９９８年に再び廃止が提案される。利用促進運動も効果が少なく、２００３年に可部以北は廃止となった。

廃線の復活を目指して２００４年に太田川流域鉄道再生協会が結成されるが、自治体により線路や駅舎が撤去されて解散した。

廃止された区間のうち可部―河戸は、１９８４（昭和59）年に廃止が提案された際にも、存続が検討されていた。周辺は広島市のベッドタウンとして宅地開発が進み、広島駅に直通できるよう電化要望が根強く行われていた。そのため、２００９年に可部線活性化として電化延伸の方針が決められる。２０１１年から調整を始め、路線は広島市が整備して、ＪＲ西日本が運行と保線を行う上下分離方式で行われることになった。

２０１３年に開業の見込みだったが、廃止した区間で新たに鉄道の認可を受けるため、原則的に踏切を設けることが出来ず調整に手間取り、また駅予定地の県営住宅払い下げの遅れもあって２０１７年にずれ込んだ。

未成線の開業区間が廃止され、その後に復活するのは異例だった。

浜田市内の今福線の遺構は、２００８年に選奨土木遺産の認定を受け観光資源として整備活用されている。戦後に造られた新線と戦前に造られた旧線、二つの未成線が並んでおり、その点でも異例である。

■■

山陰本線浜田駅を出発した今福線は、東にしばらく並走した後、国道９号のアンダーパスを前にして山陰本線を分岐し、南に90度向きを変

新旧の橋梁が並んで残っている

える。付近は陸上競技場の駐車場になっており、特に痕跡はない。

その先でトンネルに入り、抜けるとすぐ橋梁で市街地を一跨ぎして、再びトンネルになっていた。現在、市街地をまたぐ橋梁の北側の橋脚は撤去されて橋台だけが残り、南側には何の痕跡も残っていない。この先、長いトンネル2本で一気に浜田市佐野町の集落に抜ける予定であった。

JR山陰本線下府駅

旧線の方は下府駅から分岐する計画で、下府駅の裏道には東へ分岐する橋台が残っている。線路は集落の中を築堤で東へ90度カーブしていく。光明寺の北側には跨道橋があったが、道路拡幅工事のために撤去されている。このカーブから先は道路になっており、山を切通しで抜けて下府廃寺を過ぎると、下府川に沿って集落の中を通る。

上府の集落には上府駅が予定されていた。その先で下府川がクランク状に曲がると、線路は県道50号沿いに走る。短い上府第一トンネルで山合に入り、山陰自動車道の下を上府第二トンネルで抜ける。どちらも現在は封鎖されているが、かつては道路に転用されていた。

民家の軒先を掠めて、県道50号と下府川を橋とトンネルで2度跨ぎ、宇野の集落に入る。線路は県道になっており、宇野郵便局の東側には有福駅が予定されていた。線路は下府川にそって東に向きを変え、蛇行する川を橋とトンネルでショートカットしていく。

県道301号沿いでは、線路と県道とが並走や交差を繰り返す。宇津井の集落には広浜鉄道の展望台が整備され、かつては藪に呑まれていたトンネルの出口から、橋脚群を一望することができるようになっている。

宇津井の公民館の北側で、線路跡は県道301号になる。集落の中心にはアーチ橋があり、川沿いの県道の旧道から眺められるようになっている。宇津井の集落の南には県道と交差するようにトンネルとアーチ

川の中に残る橋脚

橋が残っており、選奨土木遺産の看板が掲げられている。浜田自動車道を潜った先のトンネルは転用され、現在は山陽新幹線の地震計測所だ。

佐野の集落に入ると、線路は畑の中のあぜ道として残っている。保育所がある所が、下佐野駅の予定地だった。隣接する佐野小学校跡は公民館になり、今福線見学の起点などに利用されている。

線路は佐野郵便局前で県道と離れ、南に向かう。下府川沿いには線路を拡幅した道路が残り、橋はそのまま使われている。線路が東にカーブし始める辺りには、今福線の遺構めぐりをする観光客のためにバイオトイレがある休憩所が設置された。

展望台から見える橋脚群

新線と旧線が並ぶ。奥の４連アーチ橋が旧線

田園風景が続いた先に姿を現すのが第二下府川橋梁で、西側からは今福線の新線の佐野トンネルと合流する予定だった。

新線の跡地は「鉄楽の道」と名付けられ、約３４０ｍの直線区間では直線に伸びる新線と、僅かにＳ字を描く旧線が絡まりあっている。その突当りには、今福線の工事で建設された中では最も長い下長屋トンネル（１６３３ｍ）がある。手前には下府川を渡る第一下府川橋梁と、旧線の4連アーチ橋が並ぶ。未成線の新線と旧線が並んでいる珍しい光景が見られるというだけでなく、資材を節約して川沿いを通る旧線と、地形を気にせず川と山をまっすぐに橋とトンネルで貫く新線の設計思想や土木技術の違いも感じられる場所だ。

丸原トンネル

旧線は藪に呑まれながらも続いて、下長屋トンネルが県道41号を潜った先で合流する。石見今福駅は今福公民館付近にあった。線路跡は県道に取り込まれているが、県道114号と県道5号の間に僅かに痕跡が見られる。

山を越えた丸原町に入ると、県道5号の正面に口を開けているのが丸原トンネルだ。山の谷間には、寺廻橋梁と御神本トンネルも残されている。これを最後に鉄道構造物はなく、旭町駅予定地の中学校の裏手に空き地を残すのみである。

■　■

浜田市や沿線自治会は「今福線を活かす

連絡協議会」を2016年に結成し、今福線のガイドツアーやイベントなどを行っている。第3回未成線サミットは、浜田市で行われる予定だ。

かつての日本海側の街々は北前船によって栄え、明治以降は大陸への軍事拠点を持っていた。中国山脈にいくつも鉄道路線が走り、さらに今福線や岩日線なども建設が熱望された当時、陰陽連絡線の重要性は今の時代とは桁違いだっただろう。一足先に建設された東隣の三江線は、2018年の廃止後も地域活性化で活用されており、鉄道に対する思い入れの強さが感じられる。

土木学会選奨土木遺産認定
2008年10月
幻の広浜鉄道「今福線」
コンクリートアーチ橋群!
宇津井自治会

山間をとことこ走る人気者

岩日線

【路線概要】

鉄道ではなく、遊覧車が走るようになった未成線がある。山口県の岩国市と島根県の日原《にちはら》町（現・津和野町）を結ぶ岩日《がんにち》線だ。このうち未完成のまま残された錦町（現・岩国市）―日原の区間を岩日北線と呼ぶ。

岩国市から錦町まで開業し、その先の工事も進んでいたが、国鉄再建法により中断。開業していた区間は第三セクターとなった。

しかし、岩日線はこれで終わらなかった。完成していたトンネルや路盤を利用し、観光用の遊覧

車が走るようになったのだ。
山間の川沿いを走る「列車」は人気を呼び、地域活性化の柱となっている。

■■

岩国市は山口県東部にあり、広島の経済圏とも近く広島広域都市圏に含まれている。大正時代に工業地区が発展し、昭和初めには軍事都市としても発展した。市内を流れる錦川沿いは江戸時代には製紙が盛んで、明治以降は銅などの鉱山開発がおこなわれていた。

日原町は現在、津和野町と合併した町で、岩日線の終端に選ばれたのは山口線に接続して津和野や益田へ連絡するためだ。

岩日線の原型は岩国市長らによって1913(大正2)年に免許を得た、陰陽連絡軽便鉄道(私鉄)だ。第1次世界大戦によって免許が失効になり、1922

（大正11）年の改正鉄道敷設法に挙げられた建設予定線への盛り込みに成功した。

当時建設中だった山口線と日原（1923年開通）で経由し、島根県益田市と短絡する計画だった。1929（昭和4）年には、1931（昭和6）年に着工と決定するが昭和恐慌が起こり見送られた。替わりに、鉄道省では1934（昭和9）年から省営バスを走らせ、岩国と日原を5時間で結んだ。戦前、沿線では明治鉱業系の河山鉱山などが開発されて銅や硫化鉄を産出しており、多くの利用者がいた。

バスの岩日線は、戦後に広島から岩国と日原を経由して益田までを結ぶようになった。鉄道路線も1950（昭和25）年に測量を行い1954（昭和29）年に着工、1963（昭和38）年には錦町までが開業する。

1964（昭和39）年からは鉄道建設公団に移り、1967（昭和42）年に錦町―六日市町（現・島根県吉賀町）を着工する。最長となる六日市トンネル（4679m）も1977（昭和52）年に開通した。

しかし1971（昭和46）年には河山鉱山が閉鎖され、貨物輸送が廃止となっていた。1980（昭和55）年、国鉄再建法により全国的に工事が凍結される。開業済みだった区間も1984（昭和59）年に廃線対象となり、1987（昭和62）年に第3セクターの錦川鉄道となった。岩日線の未成区間は県境を跨いでおり、第3セクターとして開業するメリットも多くない。工事は中止された。

　1989年には未成区間が国鉄清算事業団に引き継がれ、各町に引き渡された。六日市町では町営施設に転用される一方、錦町では観光用の公園になった。

　岩国―日原区間はその後もJRバスが運行していたが、1998年にJRバスが撤退。錦町営バスおよび六日市町バスに引き継がれる。このうち、錦川鉄道に錦町営バス（現・岩国市営）が委託され、錦川鉄道の収支が改善した。

　2002年、錦川鉄道は2001年に開催された21世紀未来博覧会（山口きらら博）で使われた遊覧車を払い下げ、川沿いの岩日線の路線約6㎞を観光用に運行することにした。「とことこトレイン」と名付けられ、トンネル内に蛍光石を用いた様々なイルミネーションを施し、片道約40分の渓谷沿

国道と立体交差する岩日線

いの観光施設となった。

■　■

岩日線の始発駅となる岩国駅は市街地の中心にあるが、岩日線の起点となる川西駅から西は急に山間を走るようになる。川西駅で分岐する岩徳線は山陽本線の短絡ルートとして造られたため、山陽新幹線や国道2号、山陽自動車道と近いルートを辿って西へ向かっている。

錦川鉄道一つ目の駅、清流新岩国駅は山陽新幹線との連絡駅だが無人駅で、新幹線の高架沿いに連絡通路が300m続き、ローカル線と新幹線のギャップが見ものである。

この先、路線はひたすら錦川沿いに進んで行き、錦町の入り口で終点となる。この先も路盤は続いているのだが、一旦駅を出て車庫の先に進むと、とことこトレイン乗り場になっている。

乗り場の先にある広瀬トンネルで一気に北上し、錦川沿いから宇佐川沿いに移動する。国道と

とことこトレイン雙津峡温泉駅

宇佐川を、現役の鉄道のように堂々と立体交差していく。宇佐川の左岸に渡ると出市駅予定地がある。ホーム下を潜る通路や、ホームに上る通路も完成している。

川沿いにトンネルで抜けると、深川の集落だ。岩日北線では希少な跨線橋が、深龍寺へのアプローチ道として残っている。周防深川駅予定地は、町道と隣接した築堤が設けられている。トンネルと橋を越えて宇佐川の右岸に渡ると、雙津峡《そうづきょう》温泉駅がある。これは岩日北線の駅ではないが、とことこトレインの終点で雙津峡温泉の最寄り駅となっている。

六日市トンネル

路盤は再び橋をトンネルで姿を消し、次に姿を現すのは須川町の下須川駅付近である。再び山の中に姿を消すと高根集落の高根口駅、そしてそこから一気に六日市町に向けて直角に曲がり、4679mのトンネルで六日市町に一気に抜ける。六日市トンネルを抜けた直後に中国自動車道と立体交差し、高津川をはさんで中国道を並走するが、駅予定には道の駅や温泉施設が建てられた。

この先は用地買収もされておらず、鉄道の痕跡は見当たらない。

■ ■

岩日線の遺構を利用した「とことこトレイン」は、地域活性化へ貢献を評価されて2004年には日本鉄道省を受賞した。2009年には車両を一新、2017年に、とことこトレイン乗車40万人を達成した。

2019年、錦川鉄道路線内に清流みはらし駅(臨時駅)を新設。錦川の渓谷や清流の美しさに加え、鉄道でしか辿り着けない秘境駅としても人気である。未成線跡地を活かして開業区間の集客力を高める試みは、一部開業した未成線ならではの合理的な取り組みである。

61　岩日線

時代の流れに
置いて行かれた計画

国鉄貨物短絡線

【路線概要】

明治時代、神戸に鉄道が開通すると、港と本線をつなぐ貨物線が造られ始める。神戸には、古くから栄えていた兵庫港と開港によって誕生した神戸港の二つがあり、それぞれ貨物線が引かれていた。

これらの貨物線をつなぎ、港がある海沿いを貨物列車が迂回できるように計画されたのが短絡線だ。

しかし用地は取得されたものの、貨物輸送の主役は鉄道から自動車へと移っていく。計画は

実現しないまま、貨物線そのものも廃止されてしまった。

神戸市内にはかつて兵庫駅から和田岬線を通る貨物線（兵庫港臨港線）の他、東灘信号所（摩耶駅）から分岐して、小野浜駅（神戸港駅）や神戸駅の南側にあった湊川駅を結ぶ貨物線（神戸港臨港線）があった。

１９０７（明治40）年に第１期修築工事が始まった神戸港にとって、同年に開通した臨港線は発展の後ろ支えだった。しかし、神戸の市街地は東海道や山陽本線で南北に分断されているのに加え、海岸部にも貨物線が通っており、神戸市の都市計画で問題視されていた。そこで神戸市と官鉄は協議し、１９３１（昭和６）年、本線が高架化された。それにともない神戸駅や兵庫駅は高架化され、貨物線と東海道・山陽両本線は分離。神戸駅の南には貨物線の湊川駅が開設された。

この時、本線の複々線の高架化に加えて、和田岬線と兵庫貨物扱所、

鷹取に貨物用線路が1本追加された。和田岬線から分岐して神戸市場駅および兵庫港駅へ向かう延伸も行われた。

この時点で湊川駅―兵庫港駅を結んでいれば、東灘や鷹取の操車場（貨物の入れ替えを行う場所）は不要だったが、短絡線は実現しなかった。建設費を理由に本線の地下化を拒んだ国鉄にとって、運河を渡る短絡線は工事費も調整も難しかったと考えられる。

神戸市内の貨物線は東灘操車場と鷹取操車場の東西に分かれ、鷹取駅を移設して鷹取操車場が設けられた。

これによって神戸港と兵庫港は二分されてしまった。

その後も神戸港は発展を続け、新しい突堤の整備が続く。その各突堤と貨物線を結ぶ引き込み線も次々と誕生。1938（昭和13）年には第四突堤の荷扱い所が神戸港駅と改称され、翌年に小野浜駅と統合し、神戸港駅となった。海外航路の船と接続する列車も運行された。

第二次世界大戦後、鉄道貨物扱いの増加に伴い、神戸港東部拡張が1953（昭和28）年に着工

1970年ごろの兵庫駅。左下に貨物駅が見える

する。この時、摩耶埠頭近くでは、神戸製鋼の神戸製鉄所（神戸市灘区）の高炉建設も進められていた。

神戸港臨港線でも、新たな延伸計画が立てられる。神戸製鋼専用線から東に1・5㎞延伸して貨物駅を新設し、出光興産などの各工場に専用線を敷設するというものだ。これにより貨物取扱量は膨大になることが予想された。

そこで、これらの貨物線を1本に繋げて輸送力を増強し、操車コストを節約する計画が立てられる。

ルートは湊川駅―可動橋―兵庫港駅。ほかにも、湊川駅―陸路―神戸市場駅、フェリーによる連絡船も検討されていた。

しかし1951（昭和26）年以降は港湾管理者が神戸市になり、国鉄も予算に制約のある共同企業体となったため、戦前のように港湾と一体になって国が鉄道整備することは出来なかった。終戦から年月が経ち用地買収が困難なだけでなく、橋や連絡船による航路への支障に加え、列車が通る回数が増加すると交通障害が起きるため高架化が必要と考えられた。

その後、1967（昭和42）年に神戸港は日本初のコンテナ船による荷役を開始した。国鉄も海上コンテナ輸送に着手し、輸送量は飛躍的に増加していった。しかし国鉄でストライキが相次いだことや、各地の港でコンテナ対応が進んだことで、貨物輸送の鉄道離れが起きた。国鉄による海上コンテナ輸送が中止された1978年（昭和53年）、神戸港駅の設備増強と共に短絡線計画は姿を消した。

1982（昭和57）年に湊川駅が休止、1984（昭和59）年には兵庫臨港線が廃止され、1986（昭和61）年に摩耶埠頭線も廃止された。長らく残っていた神戸港駅も2003年に鷹取機関区跡の神戸貨物ターミナル駅に引き継ぎ廃止となり、神戸臨港線も姿を消した。

■　■

短絡線は兵庫駅と鷹取駅間に設けられ、新湊川の東側で山陽本線と分岐する予定だった。

1931（昭和6）年の高架化によって兵庫駅の貨物線は、西の鷹取から折り返しになっており、山陽本線の複々線と平行して走っていた。

菅原通5丁目交差点付近で高架から分岐し、国道28号を跨いで南東へ向かい、現在はタクシー会社の駐車場となっている辺りへと向かっていた。菅原通5丁目交差点の南側にある住宅街の中を斜めに走っている公園が、線路用地だ。公園には皇紀2600年（昭和15年）の記念塔があり、戦前には公園となっていたことがうかがえる。

公園の先の路盤は住宅街になっているが、2000年ごろまでは築堤が残っており、国鉄清算事業団の立て看板とともに築堤の上に住宅が立ち並んでいた。

線路は兵庫運河を渡ると、国道2号の跨線橋へと向きを変える。細長い空き地には国鉄清算事業団の立て看板があったが現在は細長いマンションになっている。その先で和田岬線と合流したのち、北側に分岐すると兵庫港臨港線の新川駅があった。現在は跡地が団地になっている。この付近で、短絡線は兵庫港臨港線とつながる。

線路用地だった公園

公園内にある記念塔

　兵庫港臨港線の線路は運河に沿って県道松原線と並走し、神戸中央市場へとむかっていた。運河を挟んだ市場の対岸、東川崎町3丁目交差点付近には、神戸港臨港線が川崎重工業まで伸びてきていた。この川崎重工業専用線と兵庫港臨港線をつなぎ、短絡線は神戸港臨港線とつながる。川崎重工から北に向かうと貨物駅だった湊川駅があり、現在はハーバーランドになっている。ハーバーランドから先は、国道2号の海岸側を並走していた。

京橋を過ぎると海側には新港突堤に向けて、いくつもの貨物線が走っていた。線路のカーブに合わせた倉庫街があったが再開発で姿を消し、第2突堤の事務所棟に名残が見られる。貨物線の本線は税関前交差点で国道174号の北端を踏切で通っていた。片側6車線の巨大交差点だったため、遮断桿ではなくワイヤー式の巨大な踏切だった。

踏切の先は巨大な神戸港駅になっていたが、2003年に神戸港駅は廃止。鷹取駅に隣接した鷹取工場跡地の神戸貨物ターミナルに役目を移行した。現在、跡地はゴルフ場と震災メモリアル公園、神戸市営バスの車庫などになっている。公園には鉄道のモニュメントが残されている。

生田川を渡ると製鉄所跡地が住宅団地になっており、線路跡は浜手バイパスとの間の緑地帯になっている。春日野道手前で阪神高速に沿って、摩耶港への支線が分岐していた。この分岐部は

和田岬線と合流する予定だった付近

海岸通り沿いの神戸港線跡

跨道橋になっており、橋台が複線対応になっていることが分かる。

この先、貨物線の跡は遊歩道として再利用されている。春日野道交差点を渡る鉄橋は1926（大正15）年、海岸国道（国道2号）の拡幅に合わせて貨物線を立体交差させると共に、複線の準備工事が行われていた。道路下に高速地下鉄道を走らせる計画があったため橋脚を少なくし、橋脚と橋脚の間につなぎ目を設けて安定させるゲルバー橋を採用している。

春日野道高架橋は遊歩道化された際、架線柱や

神戸港駅跡

キロポストなど鉄道のモニュメントを残してある。春日野道交差点の西には道路拡幅時に地下歩道が国道2号下に整備されていたが、平成になって整備された浜手バイパスは歩道橋を張り巡らせている。大正時は地下道を造り、平成は歩道橋を架ける。かつての神戸市の高架橋アレルギーを感じさせる、象徴的な対比である。

国道2号の跨道橋および隣の西国街道の跨道橋ともに、複線対応の橋台となっている。西国街道から市立高校の裏手にかけて線路沿いに桜並木が植えられ、その傍らにミニレールが整備されている。高校より東側に入ると背の低い高架橋で道路を跨ぎ、複線用地を利用して交差道路とのバリアフリー化が図られている。橋台には当時のレンガと石組みのまま利用されているが、橋桁は遊歩道の際に架け替えられ、一部の橋台はコンクリ補強されている。

レンガと石組が残る橋台

遊歩道は灘駅南まで続き、突如としてマンションが立ちはだかる。駅前通り沿いには廃止直後にマンションが建てられ、後ろには長らく線路跡が残っていたが、それらも細長いマンションになった。ＪＲ神戸線を跨ぐ高橋南交差点の南側には、公園の中に線路が残されている。これらの跨線橋はどれも貨物線当時のもので、市道西灘原田線を潜った先もマンションなどになっている。

かつて巨大だった東灘信号所は転車台やいくつもの側線を持っており、行き場のない寝台電車などが放置されていた。現在はＪＲ摩耶駅となり駅前住宅や駐車場になっている。

■ ■

日常生活では馴染みに薄い貨物線だが、小野浜駅の公園や春日野道付近の遊歩道が綺麗に整備されているのを見ると、港町神戸は鉄道とともに発展してきたことが感じられる。

一部の路線のみが実現
遺構の転用が進む未成線

呼子線

【路線概要】

呼子線は佐賀県の唐津市から伊万里市までを、唐津市呼子町を経由して東松浦半島を半周して結ぶ予定だった路線だ。

唐津湾沿いに工事が進められたが、国鉄の経営悪化によって中断。需要が見込まれる一部区間のみが工事再開を認められた。残った路盤や駅予定地は、農道や太陽光発電所として利用されている。

残されたトンネルの中には、国道バイパスに転用される予定があるものもある。また、肉の

熟成庫となり、ハムやソーセージを美味しくするという第二の人生を歩んでいるトンネルもいる。

■　■

現在、福岡の郊外都市として博多から福岡市地下鉄が直通運転をしている唐津市だが、かつての唐津の中心部にあった唐津駅は佐賀方面に通じる唐津線しか通っていなかった。福岡に行くためには市街地から松浦川を挟んで対岸の河口付近にあった筑肥線東唐津駅まで行かなくてはならなかった。

筑肥線は明治に貿易港指定された唐津港と、博多を結ぶ路線だ。西岸の市街地に駅はなく、唐津から地形の険しい東松浦半島の海岸線を通って、呼子まで延伸する計画が生まれた。１９５４（昭和29）年から請願が本格化。１９６１（昭和36）年に唐津呼子伊万里循環鉄道敷設促進期成会が発足する。

１９６７（昭和42）年に唐津市の郊外で工事が

始まった。翌年には呼子側でも起工式が行われた。呼子は玄界灘の波が浸食し発達した入江に面した町で、イカの名産地だ。また豊臣秀吉の大陸遠征の前線基地として築城された名護屋城の史跡がある。

呼子線の呼子駅は、港の景観や伊万里方面への延伸を考慮して、内陸部の台地に建設された。駅前予定地には呼子町開発公社による広場や住宅街が造成され、駅と港を結ぶ環状道路も整備された。

険しい海岸線を縫うようにして、唐津郊外の佐志―呼子が1975(昭和50)年に完成した。伊万里まで結ぶ意図を示すように、呼子駅の伊万里側にも国道を跨ぐ橋脚が建設されたが、その先には用地買収の話はなかったという。

1973(昭和48)年には筑肥線が高架化されることになり、東唐津―西唐津の高架工事が行われた。筑肥線と唐津線を唐津駅に集約し、線路は大きく付け替えられた。これに伴いかつては筑肥線の終点だった東唐津駅は途中駅になり、1983(昭和58)年に河口から大きく離れた内陸部に移設された。そして、沿線で郊外ベッドタウン化の進む筑肥線の電化も要望されるようになる。

しかし佐志地区での呼子線反対運動により、西唐津から先の工事が始まったのは1978(昭和53)年だった。翌年の1979年、国鉄の経営悪化によって建設中の多くの路線が凍結される。呼子線も工事が中断。国鉄や鉄建公団、佐賀県知事も建設続行を支持するが、運輸省の認可は下りなかった。

　1981(昭和56)年、虹ノ松原─唐津のみ需要が見込まれるとして工事再開が認められる。地方幹線に昇格し、筑肥線として切り離された。

　1983(昭和58)年、筑肥線の福岡側となる名浜─博多を廃止し、福岡市営地下鉄が西唐津まで直通運転を開始した。西唐津─呼子の区間は第3セクターによる開業を試算するが、県内の赤字路線だった佐賀線をバス転換している手前、赤字路線の建設は困難だった。建設中の路線の引き取りに関する回答期限を迎えた1989年に、国鉄清算事業団へと引き継がれた。

　呼子町では路盤が農道として引き取られ、高架橋などは解体された。駅予定地や線路

食品の熟成庫に転用されている鳩川トンネル

敷きはソーラー発電所として再利用された。清算事業団に引き継がれたトンネル11本は売却され、農家の倉庫や味噌の貯蔵、肉の熟成施設や土木資材置き場として使っている。

唐房トンネルは国道204号バイパスに流用されるため前後の道路だけが長らく未成道路だったが、2020年に工事が落札された。

■　■

呼子線は唐津駅から始まり、西唐津駅までは筑肥線沿いに空き地が残されている。

唐津線の終着駅である西唐津駅の北側からは県道を跨いで、北西に空き地が続いている。しかし住宅街の中に入ると、用地買収が難航したため断片的に用地が残るだけで、工事は

西唐津駅

佐志公民館桜町分館側から見た第２西唐津トンネル

されていない。経路上の空き地や駐車場には、鉄道境界杭が残されている。

住宅街の奥にある山の中腹には、第２西唐津トンネル（１３１３ｍ）の入り口が残っている。トンネルの反対側は佐志浜町の佐志公民館桜町分館の南にあり、トンネル出口は仮設サイズで小さい。

佐志川を挟んで高架橋の跡地が続いており、徳唱寺の付近は田畑や国道３８２号になっており痕跡が消えている。佐志交差点から北側は国道の西側に線路跡が並走するが、国道バイパスの工事で大幅に国道が拡幅され、今は幅が狭くなっている。

瀧福寺の麓にある唐房トンネルは、単線トンネルを国道バイパスに転用する工事が進められていたが、長らく停まったままになっていた。2020年に工事が落札されたため、近く再開されるだろう。

県道23号で山を越えると、道路下に建設中の国道バイパスが見える。呼子線の高架橋を撤去した後に造られているものだ。

浦集落の先は深い切通しで山を越えているが、ここもバイパス工事が断片的に始まっている。その先にある鳩川トンネルは、食品の熟成蔵に転用されている。ここで作られるハムやソーセージは幻の鉄道トンネルで熟成された製品として人気が高い。

トンネルの先は国道382号と並走するが、藪が深くて姿はなかなか見えない。相賀《おうか》の集落には市営住宅の裏に築堤が残されており、駅予定地は太陽光発電所に転用されている。バス停松風園前付近には橋台が残されており、近くの線路跡にはグループホームが建設されている。

相賀を抜けて北浜に入ると、北に向かっていた路線はその付近から第1湊トンネルで湊の市街地を迂回するように西に向きを変える。湊小学校の西に出ると肥前湊駅が出来ていたはずだが、

佐志川を挟んで跡地を見る

バイパス工事が中断している唐房トンネル付近

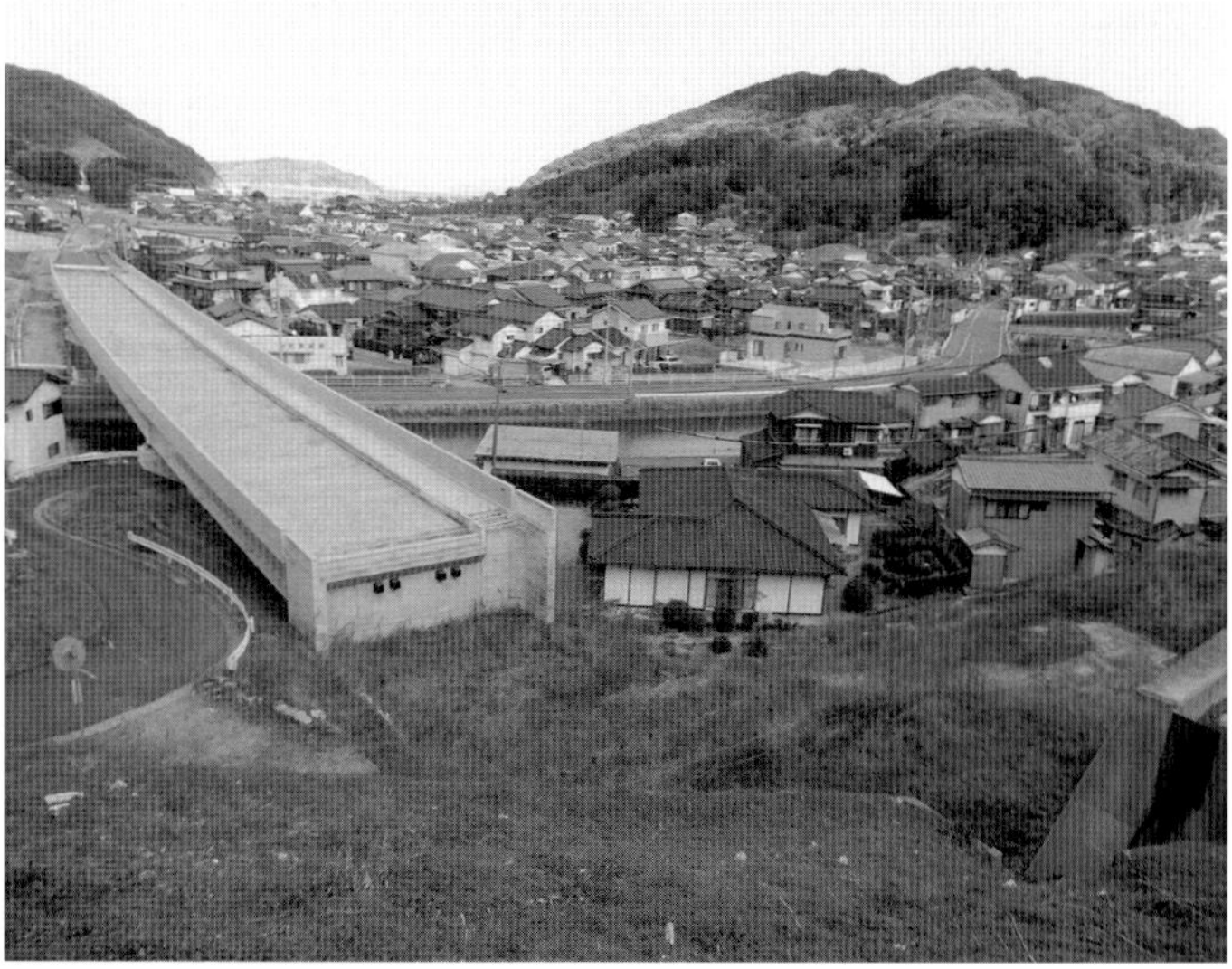

唐房トンネルを抜けた先ではバイパス工事が進む

第３湊トンネル

屋形石から呼子へと続く路盤。農道に転用されている

あるのは太陽光発電所とグループホームだ。

さらに西へ進み橋本川を渡ると、畑の奥に第3湊トンネルが開いている。国道が丘陵地を曲がりながら越えるのに対し、呼子線は第3湊トンネルで抜ける。対岸の屋形石トンネルには道路下に水路が設けられており、トンネルを抜けると屋形石駅予定地だった。

大友地区から西の線路跡は農道に転用されており、他の農道とは立体交差しながら山間部を抜けていく。呼子の集落が近づくと国道382号をトンネルで抜け、呼子小学校の東に出る。ここからは歩道として使われ、谷を渡ると呼子駅予定地に出る。

駅予定地は付近の住宅の駐車場になっており、路盤はその先にも続いている。切通しの中には終点駅の引き上げ線のような拡幅部が

呼子駅予定地

あり、その先には、国道２０４号を渡るため第４呼子橋梁が伸びている。

　国道直上には橋桁がないが、南側にも１スパンだけ橋桁が架けられている。呼子から先、伊万里まで延伸するという意味で残された橋梁だが、延伸ルート上の民家の方に聞いても用地買収の話などはなかったという。

第４呼子橋梁

伊万里への延伸計画を表す橋脚

なお、国鉄の清算事業を引き継いだ独立行政法人鉄道建設・運輸施設整備支援機構では、第2西唐津トンネルと第3湊トンネルを現在も販売中だ。未成マニアなら一度は未成構造物を所有してみたいものである。

鈴木商店再興を夢見た炭鉱と「狂気の沙汰」の路線

名羽線

【路線概要】

「狂気の沙汰」と呼ばれる未成線が北海道にある。北海道北部の名寄《なよろ》市と羽幌《はぼろ》町を結ぶ名羽《めいう》線だ。国鉄末期に造られた公団線の中でも群を抜いた山深い地帯に造られた名羽線は、建設予定地を探索することも厳しく、今なお未発見の遺構が埋もれているとされている。

名羽線にまつわる沿線の歴史には、常識外れのエピソードに事欠かない。1922（大正11）年に予定線として建設計画に盛り込まれ、1937（昭和12）年には一部が開通。その後、

突貫工事で羽幌と築別炭鉱を結ぶ路線が「羽幌炭礦鉄道」として開通した。戦後も炭鉱業を支える路線として鉄道の建設が期待され、１９６２（昭和37）年に羽幌―朱鞠内《しゅまりない》の工事が進められた。未成線としての名羽線は、この羽幌―朱鞠内を指す。

工事は順調に進められたが、石炭の需要低下や産業構造の変化から炭鉱は閉山。工事も中止となり、トンネルや路盤だけが残された。

名羽線は、建設予定地の大部分が山が険しい苫前《とままえ》郡に存在することなどから、知名度は高いが遺構を見た人は少ない、という逆転現象が起きている。

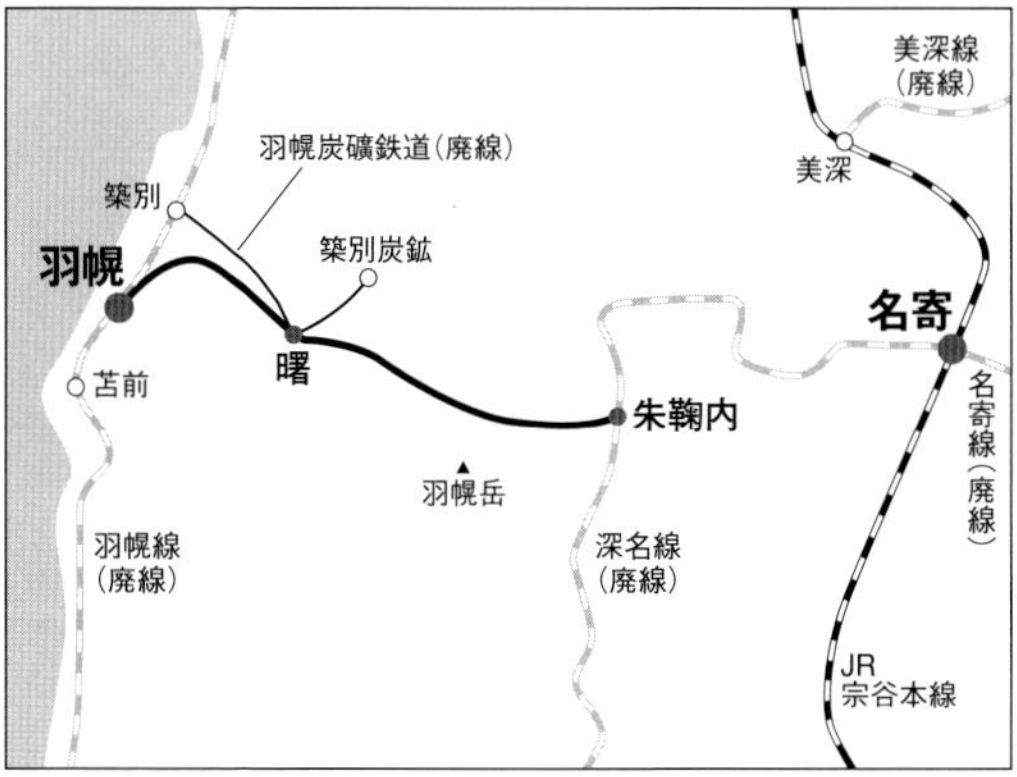

■ ■

名寄は宗谷本線と名寄本線（１９８９年廃止）の集まる交通の要所で、米作の北限となる内陸部の盆地だ。羽幌は明治期にニシン漁で栄えた日本海側の漁港町だった。

鉄道網が北海道北部に伸びてきた明治末期、当地でも鉄道建設の機運が高まった。１９２０（大正９）年の予定ルート踏査を基に、名寄―朱鞠内―羽幌ルートが１９２２（大正

11)年の改正鉄道敷設法に盛り込まれた。

名寄側では１９３７(昭和12)年に、名寄―朱鞠内間のうち名寄―初茶志内《はっちゃしない》駅が名雨《めいう》線として建設された。開通していた名雨線と区別するため、名羽線という呼び名は当初の予定ルートとは変わり、羽幌―朱鞠内を指すようになる。

名雨線は１９４１(昭和16)年に朱鞠内まで全通した際に雨竜線と統合され、深名《しんめい》線となった。

雨竜線は深川駅(北海道深川市)から１９１４(大正３)年に部分開通、１９３２(昭和７)年に朱鞠内(雨竜郡)まで開通した。

当時、朱鞠内では水力発電のためダムが建設されていた。雨竜線は莫大な森林資源の搬出とダムの資材搬入、工員輸送にも活躍し、当時の東京・上野駅には朱鞠内行きの常備券(行き先が印刷済みの切符)が置かれたという。

ダムは気温マイナス40℃の環境下で、奴隷的で過酷な労働や強制労働によって１９４３(昭和18)年に完成した。いまなお日本最大の広さを誇るダム湖となった朱鞠内湖(雨竜第一ダム)の湖畔には、労働者の慰霊碑が建てられている。

羽幌側では、１９１０(明治43)年に深川市と留萌《るもい》市を結ぶ留萌線が開業していた。１９２７(昭和２)年より、留萌駅から羽幌に向けて段階的に延伸を行い、１９３１(昭和６)年に古丹別駅までが留萌線から分離し、羽幌線と改称。１９３２(昭和７)年に羽幌駅まで開業した。初期の名羽

朱鞠内湖

線のルートは、この羽幌駅から羽幌川沿いに東進する計画だった。しかし、築別で炭鉱開発が行われることになり、羽幌線の羽幌―築別の延伸が決定。名羽線は築別駅から分岐するルートに変更された。

羽幌が位置する苫前炭田は地質学者ライマンによって1874(明治7)年に調査され、1894(明治27)年に鉱区が設定された。しかし雪深い地域で馬による石炭輸送は採算に合わなかったところを、1918(大正7)年に神戸の総合商社鈴木商店が買収した。

鈴木商店は製糖や製鉄、造船業などを抱え、三菱や三井と並ぶ巨大商社だったが、自前の炭鉱を持っておらず、大番頭の金子直吉の命により鉱区買収が行われた。

1927(昭和2)年の昭和金融恐慌で鈴木商店

は破綻したが、鉱区は系列会社の太陽曹達《ソーダ》に引き継ぎ死守された。日中戦争の長期化で石炭の経済統制が見越されると、炭鉱開発が急務となる。この石炭輸送のルートとして、築別から築別炭鉱および羽幌本坑（三毛別）の鉄道建設が申請されたのだ。

鉄道省による羽幌線の築別までの延伸決定もあって、資材節約のため築別炭鉱への路線のみが1940（昭和15）年に認可された。すでに鋼材も資材統制で国家管理対象となり、鈴木商店系列の神戸製鋼から融通が効く状態ではなかったが、防石鉄道を廃止して線路や橋梁を移設することにした。

防石鉄道は山口県の防府の鉄道会社で、周防と石見を結ぶ陰陽連絡鉄道となる予定だった。しかし建設資金不足や第一次大戦の物価高騰により、免許区間の半分の18㎞ほどしか建設できていなかった。鉄道省の山口線開通で将来的な展望もなくなり、さらに開業時からの赤字に追われる中、乗合バス事業に進出し鉄道の廃止を模索していた。

そこで株主だった広島瓦斯電軌は太陽産業（太陽曹達から改名）に株を譲渡し、1939（昭和14）年の臨時株主総会で鉄道廃止が決議された。しかし当時の鉄道省監督局の鉄道課長は、山口県出身で後の総理大臣佐藤栄作だった。地元住民からの廃止反対運動に基づき廃止は1940（昭和15）年に撤回され、太陽産業は防石鉄道営業存続のため資金援助することになった。

一方すでに羽幌では、鉄道敷設免許が交付される前から石炭運搬道路として、建設工事が進め

羽幌炭礦鉄道の第２築別川橋梁。高さが違う。寄せ集めだったのがよく分かる

られていた。架け替えで余剰になった鉄橋を全国巡って探し、現地で強度計算した図面を作成しては、鉄道省の苗穂工場や旭川工場に送って補修を行った。寄せ集めの橋桁で架けられたため橋桁の長さも厚みも不揃いで、橋脚の高さも間隔も不揃いになっている。錆びだらけの橋桁が架橋時に割れて、補修作業に事務職員まで駆り出されるなど突貫工事の極みだった。

軌道がこのありさまなので、車両の手配も散々だった。防石鉄道からの車両に代わって手配されたのが、北海道大学の工学部の学術標本として放置されていた１８９８年のアメリカ製蒸気機関車だった。

この蒸気機関車を補修のため苗穂工場に搬入する際には北大の銀杏並木を破損し、修復後に築別へ搬入する際には木造の橋の破損を危惧して住民が設けたバリケードを深夜に突破した。

鉄道開業前の検定では路盤の欠損箇所に職員が立って見えないように誤魔化し、機関車の検定は運転経験のない素人が機関士の代理を務め、猛吹雪の中で動かなかったり暴走しそうになったりしつつ、無事に築別から築別本坑を結ぶ「羽幌炭礦鉄道」は１９４１(昭和16)年12月16日に開業した。

築別炭鉱はその前年、１９４０(昭和15)年に開坑。経営は羽幌炭礦鉄道が行った。

この破天荒な羽幌炭礦鉄道の存在が、名羽線の運命をより一層カオスな状態に発展させていく。

戦後、羽幌炭鉱は政府から新規炭鉱開発の要請もあり、１９４７(昭和22)年には二抗(上羽幌)が、１９４８(昭和23)年には羽幌本坑(三毛別)が完成した。一方で、戦後復興の石炭増産と戦時中の坑内荒廃を巡って、１９５０(昭和25)年に大規模なストライキが起きた。労働者は日本炭鉱労働組合と第二組合に分裂。期間は5ヶ月にも及び、警察の出動を招く戦後初の大規模な労働争議となった。

しかしこれを機に羽幌炭鉱は労使協調と近代化を進め、大躍進を遂げていく。１９５２(昭和27)年には、全国的な炭鉱労働者のストライキが起き、石炭の供給が不安定になった。運行が混乱する国鉄に羽幌炭鉱は石炭を提供し、国鉄総裁から感謝状を受けている。

羽幌炭鉱の出炭量は1950（昭和25）年から10年で5倍に急成長し、1961（昭和36）年度は年産100万tに達した。この急成長は、戦前は南満州の撫順炭鉱で活躍し、終戦後に鉱業所長として羽幌炭鉱に迎えられた朝比奈敬三による合理化も大きい。エネルギー政策が石炭から石油へ移行する1960年代に、国内の石炭産業の生き残りをかけたスクラップアンドビルド政策が始まると、同じく鈴木商店にルーツを持つ日商（後にニチメンと合併、現双日）を通じて冷戦下のソ連から最新の掘進機を輸入して取り寄せるなど、中小炭鉱ながら大手炭鉱に勝る活躍を見せた。羽幌炭鉱の大躍進に押されて名羽線全通促進期成会も発足し、1957（昭和32）年には国鉄札幌工事局により現地調査と経済調査が行われた。そして1962（昭和37）年に「名羽線」の工事がようやく始まったのである。

0工区と呼ばれる国鉄羽幌線築別駅—曙駅は、すでに開通している羽幌炭礦鉄道から買収、もしくは並行路線の廃止補償を検討していた。まず着工したのは、築別炭鉱へ向かう路線との分岐点である曙駅から羽幌本坑のある三毛別駅の第1工区だ。

羽幌本坑から曙駅までは索道で輸送していたが、羽幌炭礦鉄道は輸送力増強のため曙駅から貨物を積み下ろすための貨物側線を申請していた。国鉄は年間40万tの石炭輸送に協力するため、異例ながら工事中の名羽線の路盤を非営業線運送として羽幌炭礦鉄道に有償で貸出した。線路や枕木などは国鉄が敷設するが、運行は羽幌炭礦鉄道の所有車と乗務員で行われた。

また名羽線建設資材の運搬などで、国鉄から羽幌炭礦鉄道に対して業務委託契約と駅共同使用契約料が支払われた。この取り決めは、名羽線の建設が国鉄工事局から鉄道建設公団への移管後も継承された。

１９６６（昭和41）年には、上羽幌坑のある上流駅までの第2工区が完成する。

１９６４（昭和39）年、朱鞠内でも着工式が行われ、新線建設同盟会長の銅像が建てられた。

名羽線の建設が順調に進み沿線が活況を見せる中、双方の街には陰りの前兆が表れ始めていた。まず、羽幌炭礦の社運を賭けたベルト大斜坑が１９６４（昭和39）年に着工するも、１９６７（昭和42）年に中止される。中央斜坑も、異常出水により放棄決定となった。

１９７０（昭和45）年、築別西坑が坑内状況悪化によるコスト高で休山。閉山費用による運転資金のダメージに加え、羽幌炭鉱の基幹だった築別坑が休山したことで退職者が続出した。5月か

朱鞠内湖畔に残る益谷秀次・元衆議院議長像。
左手にあるのは、朱鞠内湖殉職者慰霊塔

ら羽幌本坑と上羽幌坑に集約した出炭体制がスタートし、7月には合理化改革を実施した。

しかし8月に石炭販売の子会社が倒産し、羽幌炭礦鉄道は9月に会社更生法の申請を行った。傘下の企業も、次々と経営破綻。羽幌町は第2会社による再建を試算し、出炭量や人員は採算ぎりぎりで可能だった。しかし1970年度内に閉山すれば退職金などが補償されるため、組合側から異例の閉山が提案された。

10月末の石炭出荷を最後に11月には再建を断念し閉山、開通日に因んで12月14日に鉄道も廃止された。1970年は石炭鉱山整理特別交付金制度の最終年度で、全国的に閉山が相次いだ中、最大規模の閉山だった。

一方、幌加内町では1964(昭和39)年に大火が起こり、朱鞠内地区の市街地および鉄道施設が消失した。木材輸入自由化の時代を迎え、林業で栄えた町は急激に人口が減り、1万人を割り込んで減少の一途をたどっていた。1957(昭和32)年に朱鞠内炭鉱は名羽線開通を見越して年産20万tを目指すが、昭和30年代後半に休止。朱鞠内川沿いに湧く石油の鉱区も深度が5000mもあり採掘は断念した。

1965(昭和40)年になると幌加内町の自動車保有率が急増する。1968(昭和43)年には国鉄から深名線廃止提案が出たが、幌加内町議会で反対決議を行った。1970(昭和45)年からは深名線の旅客人員が年間百万人を切り、減少の一途をたどり始める。さらに深名線と平行する道路が国道に昇格し、舗装された。

こうして名羽線の両端の町が急激に衰退し、既存の路線の廃線すら視野に入る中、名羽線の建設はなおも続けられた。朱鞠内側の工事はほぼ完成し、羽幌側も標高が最も高い地点「サミット」手前の白地畝に迫りつつあった。

ここで、大事件が起きる。羽幌町は1965（昭和40）年から人口3万人を維持し、1971（昭和46）年に羽幌市に昇格する予定だった。しかし自治省は3万1千人で推移している人口が基幹産業の炭鉱閉山で影響が出るとみて、71年10月の国勢調査で様子を見ることになった。炭鉱地区では4月から9月の間で人口が1万人減少していたにも関わらず、約2万8千人という結果が出る。

翌年5月の町議会で議題に上がり、北海道による調査と警察による捜査が行われた。そして、人口3万を維持するため以前から人口水増しを行っており、突然の閉山で誤魔化しきれなくなり国勢調査用紙を偽造し5951人の水増しを行っていたことが判明。町長や助役らが送検される前代未聞の事件となった。町長の指示で水増ししたと主張する管理職と水増しは後から知ったと主張し辞職再選した町長とが対立し、町長の裁判も重なって町政は大混乱に陥る。名羽線に関する資料が乏しいのは、この混乱の影響も大きい。

さらに、1980（昭和55）年12月、国鉄の経営改善のため国鉄再建法が制定され、赤字ローカル線の廃止転換とあわせて建設中の地方交通線の建設が凍結された。名羽線では工事中だった西6工区が11月から冬季休工に入っていた。1981(昭和56)年に開通予定だった第1中の二股隧道は休工中に工事が凍結されたため、機材撤収の扱いでトンネルを貫通させて建設機械を搬出した。

既存の路線でも深名線、続いて羽幌線も廃止対象になり、羽幌線存続期成会と深名線問題対策協議会が発足していた。工事凍結された路線でも、地元の第3セクターなどで鉄道運営する場合は無償で工事を続行させることが可能だった。しかし名羽線が結ぶ両線が廃線対象になり、建設意義は完全に失われる。

1982(昭和57)年、鉄道建設公団の羽幌建設所が閉鎖となった。

■ ■

羽幌駅の跡地は、現在バスターミナルになっている。国鉄羽幌線廃止後の代行バスとなる沿岸バスの営業所も設けられている。

羽幌駅跡から北へ、海側から国道の旧道が合流する付近が、名羽線と羽幌線が分岐する天塩汐見信号場だ。戦前の鉄道省のプランでは信号場ではなく、北羽幌駅が300m手前に作られる計画だった。

築別郵便局の北側、家屋が集まっている辺りが築別駅前だ。晩年こそ無人駅だったが、最盛期は貨物側線に2面3線のホームに加え、羽幌炭礦鉄道の側線がいくつも並ぶ広大な駅だった。

築別郵便局の東側には炭礦鉄道跡に沿って農道があり、短い鉄橋などを間近に見ることが出来る。畑の中に残る炭礦鉄道の廃線跡は、一部は切り崩されているものの、田畑を斜めに分断しており見つけやすい。

簡易駅だった羽幌炭礦鉄道五線駅は痕跡すらないが、七線沢駅は最近まで駅の除雪用具庫が使われており、今でも基礎部分は見ることが出来る。

上築別駅付近の路盤は送電鉄塔が立ち並んでおり、道道３５６号沿いの畑の奥に見ることが出来る。上築別—曙光駅間は、田畑を避けて築別川の左岸の山裾を通っていた。道道３５６号が築別川を渡ると、左岸からの炭礦鉄道跡が合流する。曙光駅はこの付近にあった。その先は築別川

羽幌駅跡

第３築別川橋梁。みるからに長さが不揃いだ

が蛇行しており、道道と並走しながら連続して築別川を渡る。

　第１築別川橋梁は、11ｍと７ｍの橋桁が２つずつ架けられた鉄橋だ。名羽線として線路を引き直す際は22ｍのコンクリ桁を３連架ける予定だった。次の第２築別川橋梁の橋桁は11ｍ、11ｍ、７ｍ、５ｍ、４ｍと長さがバラバラになっている。建設時に中古の橋桁を寄せ集めた影響が見受けられる。こちらも架け替える場合は22ｍのものを３連と予定されていた。

　第３築別川橋梁は11ｍ、11ｍ、７ｍ、３ｍ、３ｍ、２ｍと、不揃いさが極まっている。11ｍの橋桁の裏は戦後すぐに古レールで櫓を組んで補強を施してあり、突貫工事だった故に緊急補修が必要だった様子がうかがえる。

曙神社の南側には、曙駅の跡が残っている。道道の南側には駅舎につながるスロープが残されており、駅舎跡には暖房の煙突などがある。

曙駅の先で、築別炭鉱に向かう炭礦鉄道と、羽幌本坑に向かう名羽線に分かれる予定だった。直角にカーブして南進する道道741号の内側を、名羽線は築別川橋梁でショートカットしていく。

羽幌本坑まで蛇行し続ける三毛別川を、2・2㎞の間に7回も渡る。三毛別橋梁は第1〜7までどれも設計が同じで、まとめて造ることで工事期間を短縮したと考えられる。

第4三毛別川橋梁付近には廃校後に農機具倉庫になった北辰中学校があり、この隣が三毛別工事事務所で、事務所開設の際に植えた木が大木となり残っている。三毛別川の橋梁はすべて撤去されているが、線路の擁壁などの構造物や鉄建公団の立て看板、炭鉱住宅街などが残されている。

路盤に沿って進んでいくと羽幌本坑の巨大ホッパに飲み込まれている場所があり、ここが三毛別駅だと思われやすいが、ここは羽幌炭礦鉄道の鉱山設備である。道道の旧道にある左右の築堤の上には、長さ7・5mのコンクリート製跨道橋が掛けられていた。道道を渡ったところに転車台があり、草木の少ない時期は転車台の円形の窪み越しに羽幌本坑まで一直線に眺めることが出

羽幌炭礦鉄道の鉱山設備。三毛別駅ではないので注意

来る。

曙から羽幌本坑までは、非営業線という形で国鉄から羽幌炭礦鉄道に貸し出され、石炭輸送の他に客車による社員輸送が行われていた。走っていたのは国鉄2788形、英国メトロポリタン製のマッチ箱客車である。19世紀末の鉄道院の時代に作られた客車が、1970年頃に鉄道建設公団の高規格路線上を走っていたというミスマッチは、羽幌炭鉱の魅力の1つだろう。

羽幌ダムに向かう林道沿いには屋根の抜け落ちた平屋や2階建ての炭鉱住宅が立ち並んでおり、この住宅街を通り抜けると三毛別駅がある。貨車ヤードだった構内は、線路の盛土や分岐器の形になった排水路など、高低差だけで線路と分かる痕跡がいくつも残されている。この路盤跡を歩いていくと三毛別陸橋があり、路盤の突き当りが三毛別トンネルだ。

　道道741号で山を越えると、道路沿いに名羽線の路盤が並走しはじめる。上羽幌トンネル（66ｍ）を三毛別側に進むと、三毛別トンネルの反対側に辿り着くことが出来る。路盤だけでなく落石防止柵や擁壁が施工され、U字溝なども積み上げられている。

　路盤は炭鉱住宅跡を抜け、畑の高低差を活かして段丘の縁を通りながら道道沿いに羽幌川を渡る。

　第2羽幌川橋梁（252ｍ）は高い橋脚だけがいくつも並んでいたようだが、1995年ごろに撤去され跡形がない。橋台も撤去されているが、農地から橋台跡までの築堤は残っている。橋梁名が第2となっているのは、羽幌線の第1羽幌川橋梁が名羽線と

羽幌側から見た上羽幌トンネル

第１二股川橋梁の橋脚

の重複区間にあるからであろう。

屈曲した羽幌川を第３羽幌川橋梁（１６１ｍ）で再び渡り、道道の対岸の山の中を抜けていく。上流沢橋梁は３つあり、山間部の沢筋は融雪用に大きめに造られている。その先には第１二股トンネルが姿を現す。以前は林道が整備され愛奴沢川沿いに迂回できたが、林道が放棄された上に羽幌川沿いの砂利道も流されてしまい、近づくことが困難になってしまった。

第１二股トンネルの先には、第１二股川橋梁（１８６ｍ）がある。道道の対岸に見える、崖の中腹に立ち並ぶ橋脚群だ。辿り着くのも険しい場所にも関わらず、１９９５年ごろに一部の橋脚が撤去され

第２二股トンネルから連続するトンネルを見る

中の二股橋梁

ている。造る土木力も凄いが、撤去する技術も想像を絶する。

この先はデト二股川沿いにトンネルが連続していく。戦前の鉄道省だった頃はこういった橋やトンネルを造るのは難しかったようで、この付近に新区画駅を設けて、羽幌川沿いに支流の逆川沿いを通って大きく迂回するルートが計画されていた。

デト二股川を渡った路盤は、羽幌二股ダムの管理道路としばらく並走してトンネルに入る。採石業者や林道の迂回路として使われたため、名羽線の中で封鎖されなかった区間だ。

第2二股から第6二股トンネルは間隔が5m程度でトンネルが連続しており、約1300mのうち1220mがトンネル区間だ。

トンネルを抜けると、第2二股川橋梁(94m)から羽幌二股ダムが見える。ダムの展望台からも名羽線が見えるが、鉄道が走る姿を見た者はいない。橋の先には第8二股トンネル(678m)があり、トンネルの先はすぐに中の二股橋梁(106m)となる。陸橋を渡ると一気に路面が低くなり、線路沿いの林道へと降りていく。

林道が直角に曲がるところに、第1中の二股トンネル(910m)の入り口が残っている。トンネル工事中に建設中止になった出口無きトンネルだ。周囲は藪がひどく生い茂っているため姿が見えるのは1年のうち十数日ほどしかない。林道沿いに第4中の二股トンネル、第3中の二股橋梁、第5中の二股トンネルと連続していく。第2、第3中の二股トンネルは、第1中の二股ト

第１中の二股トンネルの入り口

ンネルで一まとめにされているため欠番になっている。

第5中の二股トンネルを抜けた先で、路盤が一気に広くなる。鉄建公団が列車交換用に設けた信号所の予定地だ。戦前の鉄道省のルートでは、逆川沿いから中の二股川沿いに北上した辺りが、中の二股駅だったようだ。

駅の先は第4中の二股橋梁、第6中の二股トンネル、第5中の二股橋梁、第7中の二股トンネルと続く。橋梁の付け根には建設作業道路が残っているが、トンネルはどれも封鎖されている。中二股陸橋(66m)は橋脚のみで、橋桁が架けられた形跡が見当たらなかった。中二股川沿いの路盤はここでいったん行き止まりとなるため、工事作業用に橋桁を架ける必要がなかったのだろうか。

いったん途切れた路盤は、カラセミ沢沿いで再び姿を現す。

築堤が次第に高度を上げて、曲がりくねった林道を後目に第1カラセミ沢橋梁(112m)で一気に尾根を抜けていく。第1カラセミ沢橋梁の先は、第1白地畝トンネル(96m)だ。トンネルが埋められているため、いったん林道に降りて沢筋沿いに時間をかけて泥濘道を迂回することになる。

曲がりくねった道を進むと、ふと頭上を立派な橋桁が真っ直ぐ交差しているのが目に入る。第2カラセミ沢橋梁(66m)だ。信じられないほどの山奥に姿を現す真っ白な高規格橋梁は、非現実的すぎて神々しい存在感がある。

沢沿いの林道に対して、一段高い位置を路盤は並行して続いていく。やがて林道がクランク状に曲がる傍らを、第4カラセミ沢橋梁が直進で抜けていく。橋の先には第3白地畝トンネル(410m)。林道沿いに迂回するとトンネルの反対側に出る。

列車交換用の信号所予定地

第２カラセミ沢橋梁

トンネル出口には第５カラセミ沢橋梁、その３００ｍ先には白地畝信号場があるはずだが、実際にあるのは切通しが要りそうな緩い斜面だ。林道から迂回すると一段上に平場が存在するが、鉄道工事なのか治山作業なのかはっきりしない。かつては軽トラが走っていたような轍が残っているが、沢を渡る橋は撤去されて久しいようだった。

第５カラセミ沢橋梁から約１・１㎞いくと〝幻〟の苫竜トンネル（３２２５ｍ）があるはずだが、

カラセミ沢川の源流に近く、沢筋が複雑に分岐する山間部のため位置を特定することが難しい。しかし高低差を考えると、どうやっても沢をもう一度超える必要があり、橋が必要だったはずだ。何年かかけて朱鞠内川の上流に向かうトンネル候補地を探したが、境界杭を見つけることすら出来なかった。

羽幌側からの工事は、ここで途切れることになる。

一方で、名羽線の未成区間の終点だった朱鞠内駅。深名線が廃止された現在はパークゴルフ場を備えた公園になり、駅跡には駅名板と車輪を置いたモニュメントが配置されている。JRバスによる代行バスが運

朱鞠内駅跡

転されており、洋風のバス待合室も用意されている。林業で栄えた街が衰退ではなく大火で失われ、その後再建された街並みは、行政機関だけが妙に立派な不思議な印象を受ける。

名羽線は朱鞠内駅構内で深名線と分岐する予定だったようで、駅北側の踏切は既存の深名線と共用になっている。第1名羽雨竜川橋梁（97m）を渡ると深名線と離れて北上し、畑の中を築堤で抜けて再び雨竜川を第2名羽雨竜川橋梁で渡る（77m）。

第1朱鞠内トンネル

第3朱鞠内トンネル

雨竜川を渡るとすぐ第1朱鞠内トンネル（87m）に入る。道道528号から見える長いコンクリートはこのトンネルの雪覆

石油沢橋梁の橋台

い(60m)だ。
トンネルは「ふれあいの家まどか」(旧朱鞠内小学校)の裏手に出る。ここは名羽線の着工式が行われた会場で、円形校舎を再利用した施設だ。路盤は朱鞠内林道に並走しており、農作地に抜ける架道橋などが残っている。
この区間は約1・6㎞に4ヶ所も踏切が設けられた。朱鞠内川が蛇行し石油沢と合流する区間を迂回して、第1朱鞠内橋梁、第2朱鞠内トンネル、石油沢橋梁、第3朱鞠内トンネル、第2朱鞠内橋梁で一気に抜ける。
第1朱鞠内橋梁の橋桁は設置されていないが、橋台には共側歩道が設置されている。石油沢橋梁は支流の堆積地に背の低い橋脚が並んでいる。橋脚の角部は水流で削られて丸くなっており、支える橋桁もないまま長年に渡って大自然の濁流にのまれている姿が涙を誘う。

第3朱鞠内トンネルは川縁の堆積地にあり激しい藪に呑まれ、間近に立っても存在が認識できないことが多い。第3朱鞠内トンネルの羽幌側は朱鞠内川の崖に飛び出しており、トンネルの出口の中に第2朱鞠内橋梁が架かる構造になっていた。

再び朱鞠内川を渡ると築堤で高さを稼いだまま右岸をショートカットして、中股沢川と朱鞠内川の間に第3朱鞠内橋梁で左岸に渡る。この先の山間部が切通しになっており、複線幅の信号所が準備されている。鉄道省のルートでは下朱鞠内駅になっている付近だ。

下朱鞠内駅からは林道沿いに西に向かう。林道沿いから、大小さまざまな橋梁を眺めることが出来る。近年になって、長らく欠番とされていた橋梁も12ヶ所全て発見された。

朱鞠内川沿いに7・5㎞ほど遡上した付近が、朱鞠内側の工事の最終地点となる。

この先から〝幻〟の苫竜トンネル出口までが東6工区だ。残っている資料などからパズルのピースを当てはめていくと、路線は朱鞠内川の屈曲部に出る苫竜トンネルから斜面中腹を雪覆いも兼ねた第4朱鞠内トンネルで抜け、第5朱鞠内橋梁で右岸の林道下に渡り、林道下を雪覆いで通り抜け、再び第4朱鞠内川橋梁で左岸に渡ったと考えられる。この区間は左岸が河岸段丘状になっており、この丘陵を路盤にして活かしつつ、滝や崖は橋梁やトンネルで迂回したのではないだろうか。

十数年掛けて幻とされる苫竜トンネルの前後の状況は消去法で絞り込めたが、肝心の苫竜トンネルの痕跡が一つも見つからなかった。着工されたという資料はあるが具体的に何が造られたのか不明であり、苫竜トンネルの建設費も別の工事に付け替えられた可能性があり正体が掴めなかった。

地元に残る工事業者もおらず、地元の人も山奥で何の工事を行っているかには全く興味がない人が多数だった。調査を続けているうちに、ようやく貴重な証言が得られた。昭和50年頃に測量の手伝いのアルバイトをした方が、羽幌側から山を越えると朱鞠内が見えたという。まさにそこは苫竜トンネルの工区であり、トンネル工事費として計上されていた工事の内容だったと考えられる。苫竜トンネルは、測量した状態で工事が凍結されたのだった。

■ ■

羽幌線はバス転換が１９８６（昭和61）年に決定し、翌年廃止。名羽線期成会も解散となった。１９８８（昭和63）年には、廃止された羽幌線の撤去が完了した。

建設中の路線の引き取りに関して回答期限となる１９８９年4月、鉄道建設公団札幌支社の規定から名羽線の名前が消えた。建設中止の届け出すらない最期だった。

そして、１９９５年には深名線が廃止になる。深名線の撤去と同時に、名羽線のトンネル封鎖や橋梁の撤去が行われた。採石業者の作業道として一部区間が残されたが、採石業者の廃業後は整備されることもなく、路盤の崩落が起きるなど荒れる一方となっている。

名羽線は「幻の鉄道」という表現がピッタリだ。建設意義を失った以降も10年に渡って無人の原野に建設が続けられ、どこで何が造られたか見た住民も居ない。年間の半分は雪に埋もれ、残り半分は藪に呑まれて近付くことままならず、三毛別羆事件で有名なヒグマの聖地でもある。記録のあやふやな鉄道創成期の話ではなく、新幹線建設などを担当した鉄道建設公団の路線が僅か40年で見ることすらままならない。そして街ごと放棄された陸の軍艦島のような鉱山都市は、日本の近代化を支えた鈴木商店の末裔である。

名羽線はこういった幻の集大成によって生みだされた幻の鉄道なのだ。

レールまくら木を持出すと
法律により罰せられます
日本鉄道建設公団
札幌支社

鈴木商店と鉄道

鈴木商店は明治から昭和初めに掛けて世界的に活躍した神戸の総合商社だ。樟脳や砂糖の貿易商から製造業へ発展し、造船や製鉄などの重工業へと事業展開した。神戸や門司、下関の海岸線の風景を工業地化で一変させるほどの勢いだった。大正時代には売上がＧＮＰの１割に達し、日本一の総合商社となった。大番頭金子直吉が「三井や三菱と天下を三分する」と宣言するまでに発展したが、米騒動の際にはデマによって庶民の目の敵にされ、本社が焼き討ちにあってしまう。

その後、第１次世界大戦終戦による好景気の反動や関東大震災などにより、昭和金融恐慌が起きる。それにより、鈴木商店自体は１９２７（昭和２）年に破綻した。系列会社の中にはライバルの三井系列となったところもある。一方で神戸製鋼、帝人、旭石油（昭和シェル）は自主再建した。また、ＩＨＩ（播磨造船所）や太陽鉱工（太陽産業）、日本製粉、双日（日商）、サッポロビールなど、今なお活躍する数々の大企業の源流となった企業もある。

政界にも優秀な人材をいくつも輩出し、鈴木商店の華々しい活躍はいくつもの小説やＴＶドラマ、マンガや舞台演劇などの題材にされている。

鈴木商店は１９３３年に債務を返済して解散したが、法人登録は登記簿閉鎖された状態で残っている。２０１７年、神戸市の鈴木商店跡地に門司工場で使われていたレンガを利用した記念碑が設置された。
　未成線の中には、鈴木商店やその関係者が関わったものがある。そのいくつかを紹介しよう。

1
但馬軽便鉄道　兵庫県日高村江原（現・豊岡市日高町）―三方村（現・豊岡市日高町）
蝋石の運搬用として1916（大正5）年に敷設免許が交付される。工事認可されたが、1919（大正8）年に鈴木商店は断念。

2
神戸地下鉄道　神戸市
神戸市内の東西をつなぐ地下鉄道。1928（昭和3）年、神戸市会に申請するも、却下される。146ページ参照。

3
阪神海岸鉄道　神戸市葺合浜（神戸市中央区）―大阪市此花区
1923（大正12）年に申請されるも、実現せず。162ページ参照。

4
明三軽便鉄道（明石鉄道）　明石町（現・明石市）―三木町（現・三木市）
1911（明治44）年に申請、1912（大正元）年に免許が交付されるも、計画中止に。鈴木商店がどのように関わったのかは不明だが、上申書の下書きが鈴木家で見つかっている。

5

相生臨港鉄道　那波停車場（現・相生駅）―相生町（現・相生市）

1927（昭和2）年に免許申請されたが、却下された。

6

肥筑軌道（肥筑軽便鉄道）　鉄道院線久留米駅（現・JR久留米駅）―院線佐賀駅（現・JR佐賀駅）

1916（大正5）年、肥筑軌道設立。その後に設立された肥筑軽便鉄道の路線がほぼ同じことから、軽便鉄道による合併が決まる。鈴木商店も経営に加わるが、計画は頓挫。買収も白紙になる。その後、部分開業するも1935（昭和10）年に廃止。

7

羽幌炭礦鉄道（名羽線）　北海道羽幌町

鈴木商店破綻後、系列の太陽曹達が羽幌炭鉱の石炭を運搬するために設立。84ページ参照。

公営・私鉄編

登場が早すぎた
交通事情改善の救世主

姫路モノレール

【路線概要】

時代を先取りしすぎた鉄道の跡が、姫路市内には今も残っている。１９６６（昭和41）年に開業した姫路モノレールだ。慢性化する市内の渋滞や、鉄道によって分断された南北の往来などの交通問題を解決するために計画された。

姫路市内だけでなく、ゆくゆくは山陰地方まで延伸し、新幹線とも連携させるという壮大なプランがあったというが、開業初年度から利用者数は伸び悩む。赤字解消のため様々な策が行われたが、どれも振るわずに１９７４（昭和49）

年に休止、1979(昭和54)年に廃止となった。

橋脚は撤去するにも多額の費用が掛かるため、多くがそのまま放置されていた。「負の遺産」という意見さえあった姫路モノレールだが、2011年に手柄山駅を改装した手柄山交流ステーションがオープンすると、多くの人が訪れるスポットになった。モノレールの跡をたどるボランティアガイドも登場し、「負の遺産」は新たな観光資源になろうとしている。

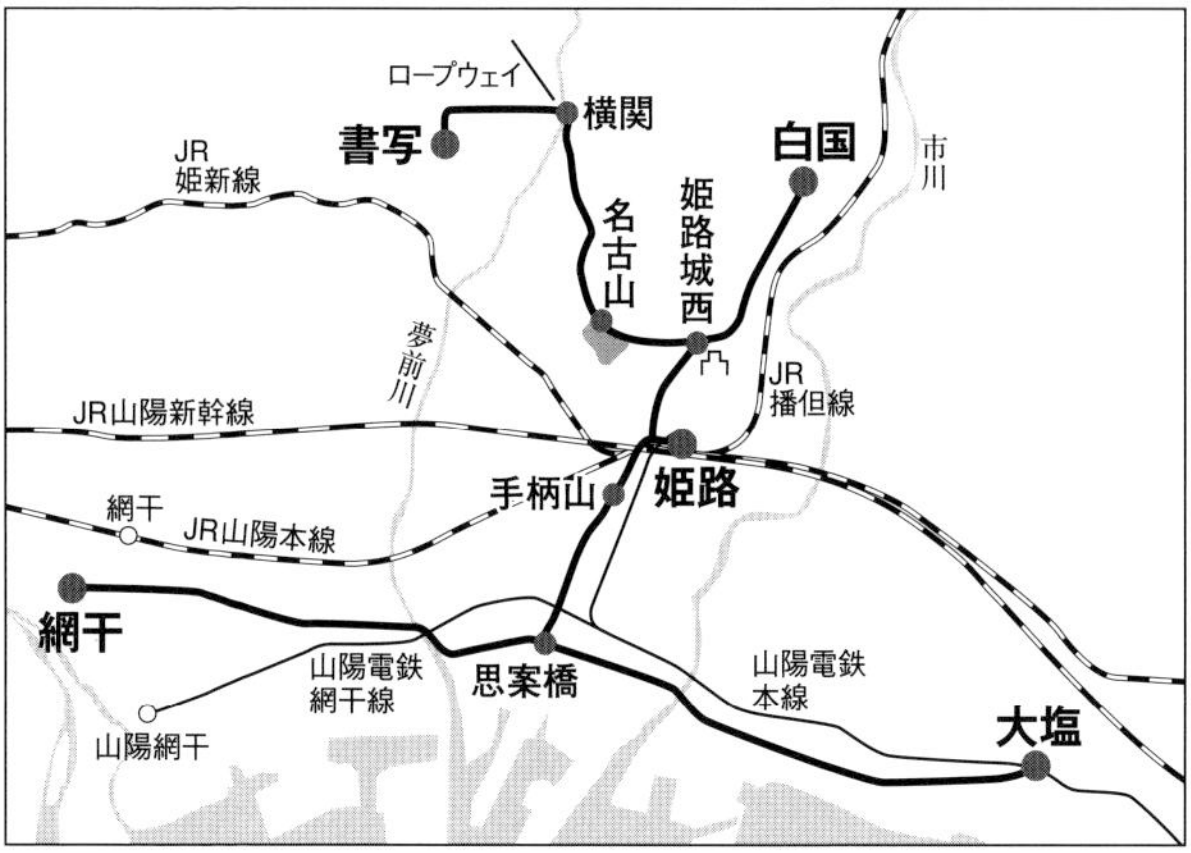

■ ■

姫路市は戦後に臨海地域の飾磨市などを合併し市街地拡大を続け、飛躍的な発展により人口が急増していた。5大工業地帯の一つである播磨臨海工業地帯の中核都市であり、1975(昭和50)年には100万人都市に発展する見込みだった。

昭和30年代、都市建設を支える財政を得るため工業都市化を推し進める姫路市は、労働者のレジャー施設整備にも力を入れていた。公共事業や公共施設による税外収入も多く、観光都市化の財源になった。さらに1956(昭和31)年から1964(昭和39)年にかけて、姫路城の昭和の大修理が行われる。修復工事を終えた姫路城が再公開されると、観光客はさらに増加した。

一方、拡大し続ける市街地に対して、道路整備の遅れによる渋滞が慢性化していた。さらに自動車の急増により、市内の交通網整備が課題になっていく。姫路市は南の沿岸部に工業地帯、中部に商業施設、北部に住宅街があり、南北間の移動への交通集中が多い。また、姫路市営バスと神姫バスとの路線競合の調整など、市内交通網の整備が必要だった。

戦災復興事業を指揮した当時の石見元秀市長は、姫路駅と姫路城を結ぶ幅50mの大手前通りの整備や市街地道路の縦横化などを実施した。また、浜手国道の改良、手柄山や名古山の巨大公園整備、駅周辺の区画整理、宅地造成や住宅団地の建設なども行われた。

1962(昭和37)年からは、大手前道路に地下3階の商店街を建設し、東西道路と立体交差する広場や駐車場を設けるという計画も進められたが、こちらは地下駐車場と連絡通路という結果になっている。国道2号は27mに拡幅し、沿道も市街地改造事業でビル化された。

2008年に高架化されるまで、山陽本線の姫路駅は地上駅だった。そのため、線路や鉄道施設で市街地が南北に分断されていた。一方、山陽電鉄姫路駅は1954(昭和29)年に移転高架化している。昭和30年代当時、1日21万人が国鉄姫路駅から山陽電鉄とバス路線に乗り換えていたという。国鉄姫路駅は1959（昭和34）年に地元の資金協力によって商業施設併設で建てられた「民衆駅」だったが、駅建設予定地が変更になったため駅前広場が狭くなっていた。そのため、山陽電鉄の姫路駅高架化や国鉄姫路駅の再建、駅前の観光ビル開発と地下街の建設によって、駅前広場の立体化を行った。

1957（昭和32）年に、産業道路（県道62号）が大将軍橋によって山陽本線と立体交差化する。

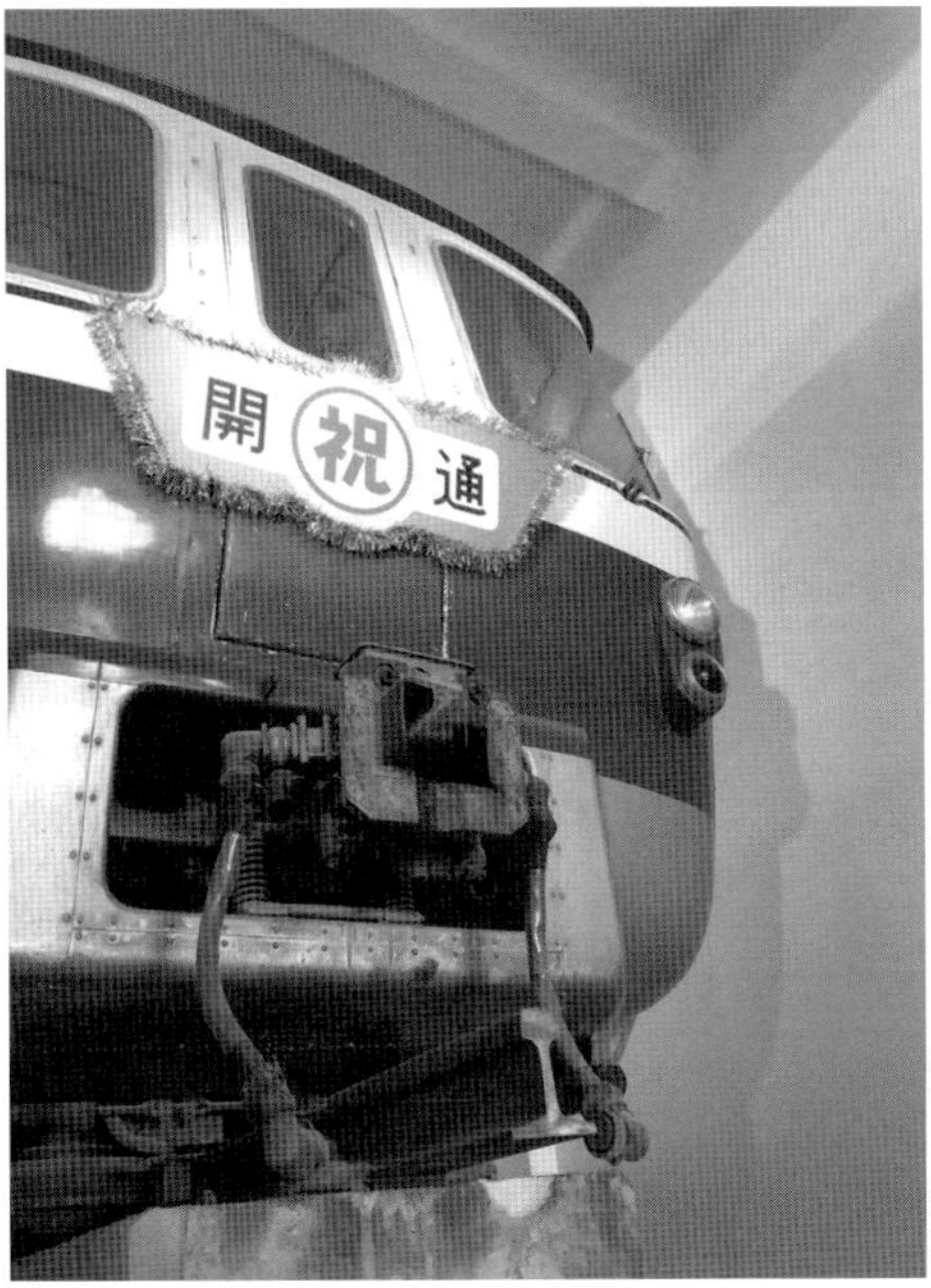

保存されている姫路モノレールの車両

1963（昭和38）年には駅の東側も朝日橋によって立体交差になり、市街地の南北分断の解消が始まった。

市の南北をよりスムーズに結ぶには、どのような方法がいいか。路面電車は地上交通のボトルネックとして廃止される時代だった。地下鉄は建設費が高く、中規模の都市には維持が難しい。バスでは交通マヒに拍車をかけるし、排気ガスなどの社会問題を抱えている。トロリーバスも計画していたが、実現しなかった。高架鉄道も市街地の用地取得を考えると難しい。そこで姫路市は空間利用の時代だと考えて、全国に先駆けて市営モノレールを採用した。

モノレールは路面電車に比べて大量輸送と安全性の両立が可能で、地下鉄よりも建設費が安価で高速走行可能、しかも展望が良いという観光地の都市交通に最適だった。

車両はモノレールの中でも弾性車輪による静粛性と鉄車輪による高速走行、展望を邪魔しない跨座式であるロッキード式が選ばれた。

モノレールの利便性を市民にアピールする上で、市内有数の観光地である手柄山中央公園と姫路駅を結ぶルートが第1期工事区間に選ばれた。手柄山が、飾磨方面への延伸ルート上にあることも幸いした。

手柄山は終戦後に開発された中央公園があり、市内の文化施設やスポーツ施設など30以上の施設が集中していた。その手柄山中央公園への交通アクセスを改善することで、市の南北接続問題解消手段としてモノレール建設事業も推進できるという算段だった。

モノレールの台車部分

手柄山中央公園の来園者数は1962（昭和37）年には150万人あり、うち3分の2がモノレールを利用すれば年間100万人の乗客となり、建設費を5年で償還できる試算だ。開業は1966（昭和41）年に開催される「姫路大博覧会」に合わせることになった。モノレールが通る船場川の河川改修や、戦後のバラック密集地になっていた駅西整備事業と合わせて道路整備が行われ、道路沿いに日本住宅公団の高尾アパートが建設された。

国鉄姫路駅から見たモノレール（1971年撮影）

　姫路大博覧会は1966（昭和41）年4月〜6月に開催された。会場は手柄山と名古山、姫路城南の大手前公園の3ヶ所で行われた。モノレールは、5月に開業。手柄山公園の北と南に一つずつ駅を設ける予定だったが、手柄山北駅（手柄山駅）のみ建設された。高尾アパートには、唯一の中間駅となる大将軍駅が置かれた。姫路駅から手柄山駅、1・63キロの短い営業距離でのスタートだった。

開業日は駅の入場制限をし、ホームにロープを張るほどの大盛況となった。モノレールの運転士だった方は、採用時に「日本初の公営モノレールだから誇りを持って運転するように」と言われたそうだ。開業前に、山陽電鉄や大阪の阪堺電車で運転の訓練を行った。車内では車掌による観光案内が行われ、これは姫路大博覧会後も続けられた。

駅でのアナウンスは大阪弁や播州弁。一度、他社から来た助役に怒られたことがあるが、説得して続けたという。観光要素のある鉄道だったから許されたのではないかと、元運転士の方は振り返る。

姫路モノレールは大博覧会後は、市民の足として市街地を南北に延伸する計画だった。

第1次延伸では姫路城を訪れる年間100万人の観光客の交通の足として姫路駅―姫路城を結び、次に姫路城―競馬場と北に延ばす。南は手柄山から船場川沿いに飾磨港近くの思案橋まで延ばして、南北に市街地を縦貫する。さらには姫路城から分岐して名古山や書写山を結び、南は思案橋から東西に分かれて国道250号沿いの工業

大将軍駅が入っていた高尾アパート。現在は解体されている（UR都市機構提供）

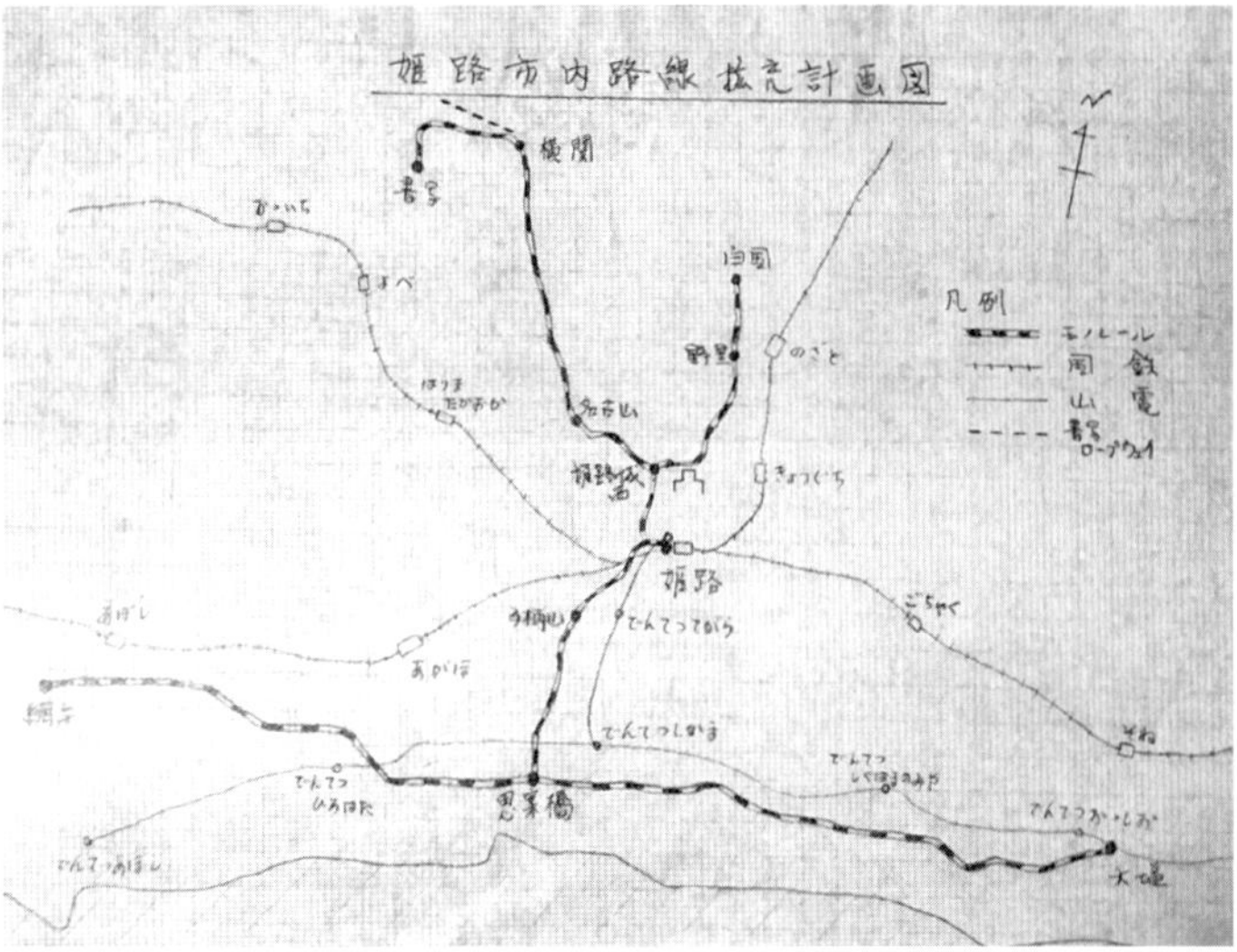

モノレール広域延伸計画図

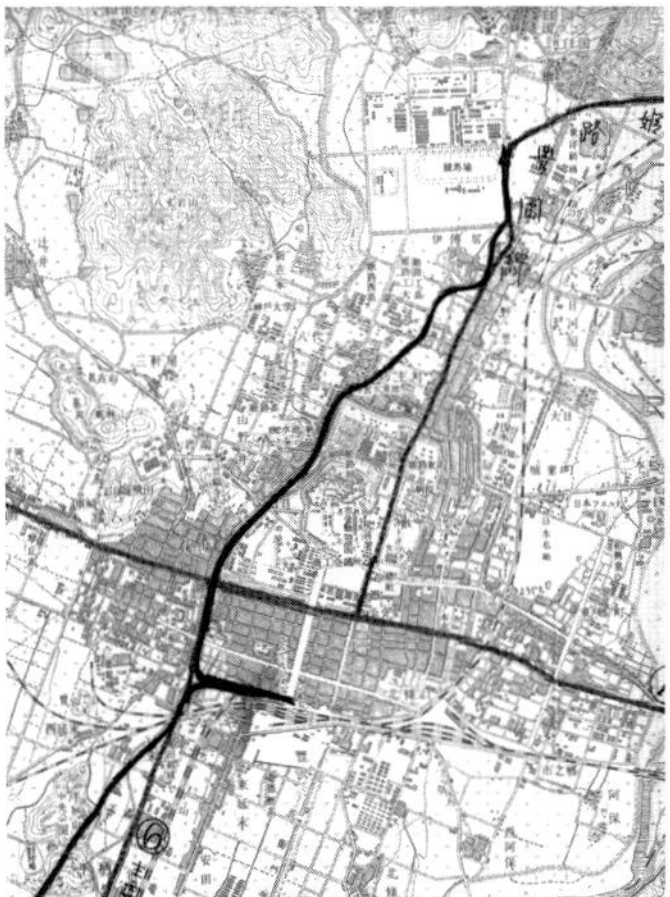

1 次延伸計画図
姫路―姫路競馬場

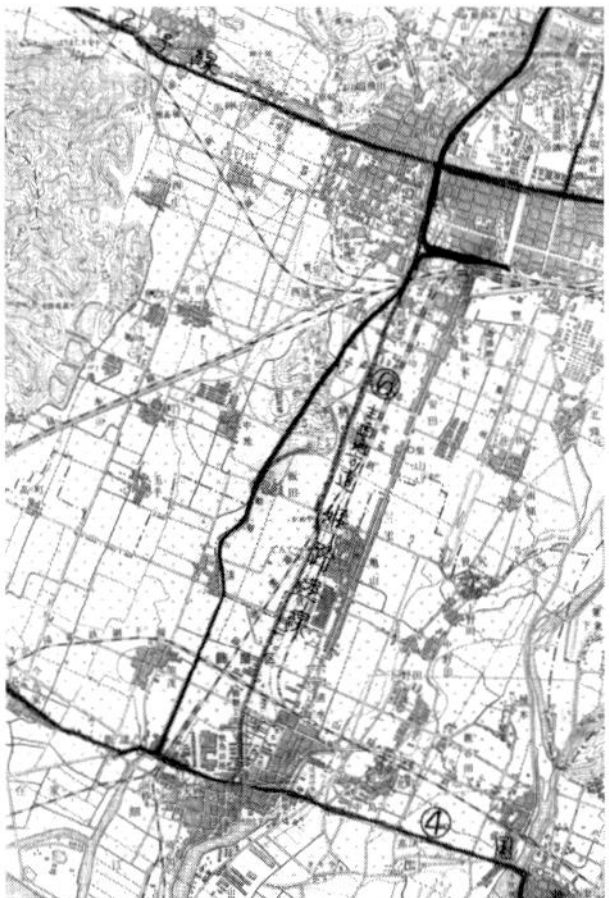

1 次延伸計画図
姫路―思案橋

地帯を通り、市の西端の網干から東端の大塩までを結ぶ予定だった。

　名古山は市内の墓地公園として整備され、仏舎利塔や宗教美術館などを備えている。書写山は西国三十三所巡礼の27番目の霊場で、参詣客のため１９５８（昭和33）年にロープウェイが設けられ、年間40万人を運ぶようになっていた。

　姫路市はモノレールによって市内を南北に結び、ゆくゆくは山陰地方とも結び、新幹線とも連携させることで、太平洋と日本海を結ぶ交通基盤を確立しようと考えていた。戦後、国鉄の鉄道技術研究所が弾丸列車（後の新幹線）用にモノレールを研究していたことを考えると、山陰連絡線計画は荒唐無稽とは言い難い。

モノレール姫路駅があった場所

　しかし博覧会中の利用者は多かったが、終了後は減少。年間利用者１００万人の事業計画が、初年度でさえ年間40万人しか達成できず、経営改善が図られた。モノレールの乗客誘致として、国鉄とのセット切符や市内観光回数券、新聞やラジオや駅ポスターによる観光客誘致、手柄山公園内の施設との共通割引、モノレール各所での広告収入、慢性的に駐車場が不足していた姫路駅周辺へのパークアンドライド、夏休みの延長運転などを行った。

大将軍駅跡。現在は更地になっている

1968(昭和43)年には利用者の少ない大将軍駅が営業休止。しかしバス事業を含め姫路市交通局の赤字問題への追及は強く、中でも強引に建設を進めたモノレールはその象徴として批判された。

さらに、日本ロッキード・モノレール社解散で主部品の供給が市議会で問題になる。ロッキード式モノレールには当時最新だった東海道新幹線用の50kgTレールが使われていたが、山陽新幹線では60kgレールが主流になった。モノレールの特殊な台車では断面形状が一致しないため、レールの調達が難しい。またブレーキの消耗品であるシューの鋳型も、手配する必要があった。同型のモノレールは小田急電鉄の向ヶ丘遊園モノレールだけで、鉄道事業を他に持

船場東ビル

たない姫路市交通局にとって消耗品が高コストとなった。

モノレールの将来性や廃止強行への異論も起きつつ、1974(昭和49)年に運転休止となる。皮肉にもちょうどその年、モノレールの橋などを道路の一部として国庫補助によって整備する、インフラ補助制度が創設された。

姫路モノレールは、モノレールの償却が終わる1979(昭和54)年に廃止となった。

■　■

当初の予定では、姫路駅から大将軍橋までは、高架化した市道の道路を使ってモノレールの支柱を建設する予定だった。高架道路計画は、山陽本線による産業道路(県道62号)の分断を解消するために立てられた。高架道路を利用する車は、駅前からループして道路に乗り入れる方式だったという。現在はJRが高架化したことで大将軍橋は解体され、姫路駅西から産業道路へ続く道は平面道路として整備が完了している。

姫路駅を出発した路線は、モノレールの象徴でもあった大将軍駅の西側で、船場川沿いに90度向きを変える。これは、角地にあった倉庫の用地買収が不成立だったため、橋脚が船場川の中に建つ急カーブなルートに変更されたからだ。

この大将軍駅から姫路城へと向かう路線が計画されていた。船場川沿いの産業道路に沿って姫路城まで北上する。ルートの途中にある白鷺橋交差点には、中間階が空洞になった船場東ビルがある。大将軍駅のあった高尾アパートのようにモノレールの駅の建設を予定していたようにも見える外観だが、構造的には駅を設置するには強度的に難しい。また、北進する計画のルートとも不一致である。国道2号沿いの再開発の際、市内の慢性的な駐車場問題対策として駐車場を中間層に設けたデザインになったと考えられている。

計画されていたルートは、白鷺橋から北も船場川沿いを通る。左岸は姫路城址であるため産業道路と同じく右岸がモノ

住宅街を抜ける船場川。写真左は姫路工業高校

レール予定地と思われる。

城の西側に姫路城西駅を造り、そこから名古山や書写山方面に分岐する計画もあった。船場川と書写街道が交差する市之橋付近が、駅の予定地だったようだ。坊主町で内堀が東に曲がると、船場川は西に曲がり、一気に細くなり住宅街の中を抜けていく。

船場川が曲がりくねっているため、姫路工業高校までは河川用地を活かしながら住宅街を直線的に走っていく。工業高校東側の船場川がクランク状に曲がると、モノレールも直角に近いカーブを描いて桑原神社の前を斜めに横切る。伊伝居の住宅街を蛇行する船場川をショートカットで抜けると県道518号西側に合流し、姫路競馬場北側に野里駅が予定されていた。

競馬場の北側には自衛隊の駐屯地もあり、バス路線が運行されていた。播但線の野里駅よりも近く、もしここにモノレールの駅が出来ていれば、播但線と比べて駅からの距離や運転

姫路競馬場前。この付近に野里駅が計画されていた

本数の面でも有利だったと考えられる。野里駅の北には白国駅も考えられていたようで、詳細な資料は残っていないものの広嶺山の裾野の白国神社付近を目指していたようだ。

姫路城西駅から書写山方面へ向かうルートは、名古山を経由する予定だった。

名古山は斎場や霊園に加え仏舎利塔などを備えた仏教芸術のテーマパークにもなっており、1966(昭和41)年には兵庫県の観光100選に認定された観光地である。また名古山周辺には市営住宅が建てられたものの、市街地へのアクセスが悪く、バス路線の整備が要望されていた。

名古山駅は名古山北口付近に造られる予定だったようで、そこから県道67号で書写山へと向かい、書写山ロープウェイの山麓駅近くに、横関駅を設ける予定だった。モノレールは横関駅から西進して、寺社や教育機関が集まっている書写山の南麓付近に終点の書写駅が計画されていた。

一方、モノレールの南進計画は手柄山駅から船場川河口付

書写ロープウェイ山麓駅。横関駅ができる予定だった

手柄山温室植物園。姫路大博覧会後、ロープウェイが通っていた

近の思案橋まで南進し、そこから姫路市の東西境に向かって大塩と網干に伸びる計画だった。

現在モノレールの車両が展示されている手柄山交流ステーション（手柄山駅）は元々は手柄山北駅で、南側の温室植物園の位置に手柄山南駅が計画されていた。手柄山の南北を結ぶ計画は、手柄山スカイウェーというロープウェイで姫路博覧会開催後に実現された。

手柄山南駅から南進すると、再び船場川沿いに思案橋へ向かう。当時の思案橋付近には敷島紡績の工場があり、飾磨の市街地の西端だった。姫路駅からは国鉄飾磨港線（播但線）が伸びてきており、飾磨港と広畑の製鋼所への線路の分岐点でもあった。現在も近くに姫路市の飾磨支所が設けられている。

ここから国道250号と並走するように大塩に向かい、市川を渡ると国道250号飾磨バイパスに近いルートを取る。八家川から西では的形の親水エリアを通る臨海道路計画に沿って海側を迂回し、そこからまっすぐ山陽電鉄の大塩駅東側へと向かう。

大塩はかつて西暦700年頃から続く製塩の町だった。江戸時代には国内製塩を席巻した十州塩のブランドの一つになっている。

第二次世界大戦後、国は塩不足から国内自給を目指して製法の近代化を進めたが、その結果、全国的な生産過剰に陥った。1971(昭和46)年に全国の塩田は塩業近代化臨時措置法によって政府保証を請けて廃止され、すぐに大塩では開発協議会が結成された。

海岸線の工業化を推し進めた姫路において希少な海浜地域だったことから、塩田跡は大規模なレクリエーション地域として開発する方向になった。山陽電鉄の大塩駅を高架移設して車両基地も設ける計画だ。1990年10月にゴルフ場が完成したのを皮切りに、海洋性リゾート施設とマンション群が立ち並ぶ予定だった。

しかし、バブル経済が崩壊。計画は大幅に縮小したものの開発計画は残り続けていたが、2019年7月の姫路港港湾計画改訂により中止となった。移転を前提に据え置かれていた大塩駅は移転せず、橋上駅舎によるバリアフリー化工事が2020年から始まった。姫路モノレールの大塩駅は、あらゆるものが未成のままになった大塩の再開発地区を目指していたのだった。

一方、網干方面へは思案橋から国道250号沿いに進み、夢前川で北西に転進して山陽電鉄と交差する。当時広畑区の中部には広畑製鐵所の巨大な社宅群(現イオンモール姫路大津)が造成されており、山陽・国鉄ともに交通アクセスが悪かった(現在の最寄り駅であるはりま勝原駅は２００８年開業)。この巨大住宅街の南側を通り、網干まで西進する。

国鉄網干駅と網干港の間には、戦時中に稼働した東芝の巨大工場があり、住宅街が形成されていた。港までは貨物専用の鉄道が通っていたが、１９６６(昭和41)年まで貨物専用だった。当時は１９５８(昭和33)年に米原―姫路が電化し、快速電車が運行されるようになったばかりで、網干の電車区が稼働するのは１９６８(昭和43)年になってからだった。

姫路市と合併した地区では中心部への交通網整備の期待が強く、バス路線や国鉄、山陽電鉄ではカバーできない街区も少なくなかった。渋滞に弱いバス運行ではなく、定時性と輸送力が高く低価格で中心部の南北移動に有利なモノレールを提案したと考えられる。

■　■

姫路市内には今も、モノレールの橋脚などが残っている。

２０１１年、手柄山駅を改装し、手柄山交流ステーションとしてオープンした。保存されていた車体を整備し展示、大盛況となっている。

２０１６年、大将軍駅のあった高尾アパートは耐震補強を断念し、解体されることになった。

解体工事に入る前、８月に見学会が行われた。見学会の参加者は抽選で選ばれたが、４００名の募集に対し、北海道や沖縄県を含む全国から９０００人以上が応募。急遽、見学者数を増やしたが、それでもかなりの倍率となった。

現在、姫路市のボランティアガイドの中から、モノレールの遺構を案内するガイドが養成されている。育成には運転士や整備士だった方も携わっており、ガイドツアーではこぼれ話を聞くことができるかもしれない。

赤字の象徴と言われがちなモノレールだが、実際に問題視されていたのはバス路線への不満や市交通局の赤字だった。また、市の財政問題も１９５５（昭和30）年の地方税法の変更によって、姫路市だけでなく全国的に発生していた。しかし建設時の強引な進め方が決定打となり、市政争いの矛先がモノレールに向かってしまったのは気の毒でならない。

ガイドツアーで話をする元運転士

阪急VS阪神の狭間に生まれ、消えた路線

尼宝線

【路線概要】

現在グループ会社となっている阪急と阪神だが、大正時代は壮絶なライバル関係だった。競い合うように鉄道敷設の申請を出し合い、工事を進めていた。そんな中で申請されたのが、阪神電鉄の出屋敷駅から宝塚へ向かう尼宝線だ。宝塚尼崎電気鉄道が申請した路線だが、阪神電鉄も深くかかわっていたとされる。

1925(大正14)年に着工されたが、阪神電鉄への乗り入れが難しいという事情から廃止になる。完成していた路盤は、バス専用道路とな

った。現在は、県道42号線として尼崎と宝塚を結んでいる。

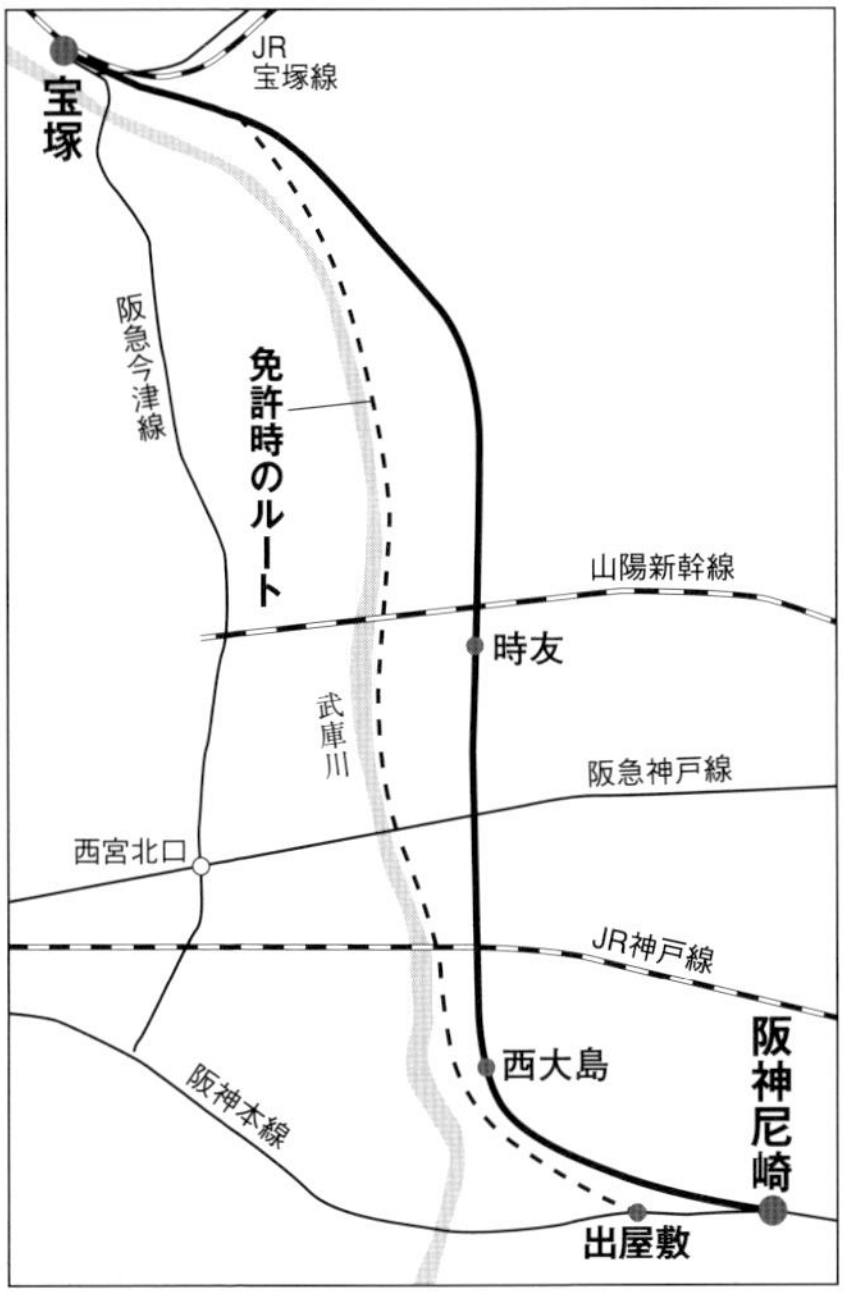

1905(明治38)年に阪神電気鉄道(阪神電鉄)が路面電車の扱いで都市間電気鉄道を開業させると、京阪神間では軌道扱いでの鉄道敷設の申請が相次いで行われた。阪神間では21路線が申請されたともいわれる。

そこに箕面有馬電気軌道(阪急電鉄)が1920(大正9)年に十三—神戸(上筒井)を開業させるにあたって、大きな確執が生まれた。

1912(明治45)年には、神戸—西宮の山手と海岸を環状で結ぶ灘循環電気軌道が計画されていた。箕面有馬電気軌道は自社の宝塚線十三駅から伊丹経由で自社の西宝線(今津線)門戸(西宮市)を結ぶ路線免許を1913(大正2)年に取得。灘循環軌道と連携することで神戸への直通運転を計画していた。

しかし第1次世界大戦前後の不況下で灘循環電気軌道のメインバンクだった北浜銀行が破綻し、保有する灘循環電気軌道の株式を処分する必要が出てきた。

北浜銀行は新重役に阪神電鉄の専務がいたこともあり、阪神電鉄への路線譲渡を計画した。これに対し箕面有馬電気軌道は、十三─門戸の自社路線の補償か阪神電鉄との共同運営、もしくは灘循環鉄道の買収の3案を提示した。

人家の疎らな山手地域の鉄道を実現できる可能性は低いと考えられ、箕面有馬電気軌道が灘循環電気軌道を買収することになる。建設費は、海運業で一財を成した投資家の岸本兼太郎に鉄道事業の将来性を説いて、貸し付けられた。資金難で有馬への延伸も頓挫し、取引銀行が破綻した箕面有馬電気鉄道にとって、岸本は阪急の命の恩人だった。

資金調達と会社合併の準備が整った箕面有馬電気軌道だが、阪神電鉄が灘循環電気軌道買収を決めた株主総会の無効確認訴訟を起こした。3年に渡る裁判は全て箕面有馬電気軌道の勝訴で終わったが、この期間に物資の価格が暴騰しており、建設資金の増加を招いた。箕面有馬電気軌道は開通を急ぐとともに、急行線として最短ルートを取るため、神崎川から西は伊丹を経由せず、まっすぐ西宮に向かうことになった。しかし経路から外れた伊丹町の反対運動により、神戸線は約２km迂回して塚口を経由し伊丹線が建設された。

１９１８（大正７）年に箕面有馬電気軌道は阪神急行電鉄（阪急電鉄）に社名を変える。阪急電鉄と阪神電鉄による確執が続く中、阪神電鉄の出屋敷駅から武庫川の河川敷を通り宝塚に向かう全長約13kmの宝塚尼崎電気鉄道（尼宝電鉄）は、１９２２（大正11）年に申請された。

尼宝電鉄は宝塚歌劇場に駅を設け、阪神梅田や伝法線（阪神なんば線）から直通運転し、最終的には有馬まで延伸する計画だった。発起人に阪神電鉄関係者は含まれていないが、計画当初から深く関与していたとされている。

阪急電鉄はこれに対抗して、尼崎・西宮・宝塚循環電気鉄道を１９２３（大正12）年に申請した。１９２１（大正10）年に開通していた西宝線（今津線）を通り、西宮北口駅から阪神今津駅まで南下してから尼崎に向かい、北上して塚口駅から伊丹線を通り宝塚まで延伸するルートだ。

この甲子園の海側を通るルートに対抗した阪神電鉄は、同年に今津出屋敷線を出願する。また阪急と資本関係の強い能勢電鉄も、池田駅前—阪急伊丹の延伸を申請し許可がおりていた。

１９２４（大正13）年、阪急側には宝塚—伊丹と塚口—尼崎の免許が下り、阪神側は全区間認可され、後の甲子園線（上甲子園—中津浜）となった。

１９２５（大正14）年に尼宝電鉄が着工されるとともに、阪神西宮駅から尼宝電鉄時友駅を経て新京阪富田駅（阪急高槻市駅）までつなぐ路線が申請される。１９２７（昭和２）年には宝塚—有馬の申請も行われ、西大島(尼崎市)から宝塚手前の小浜までの路盤も概ね竣工するが、ここで問題が起きた。西大島—尼崎駅間の市街地は、高架化が条件になってしまったのだ。

1928(昭和3)年、尼宝電鉄の社長に阪神電鉄の社長が着任し、完成済みの路盤をバス専用道路として営業することになった。1929(昭和4)年に鉄道用地を自動車専用の道路に改築することと乗合自動車の営業願を申請、1931(昭和6)年に認可されると鉄道事業廃止を申請した。尼宝電鉄だけ高架化すると阪神本線との乗り入れができず、梅田—宝塚の直通運転が出来ないことが理由だ。

1931(昭和6)年に尼宝電鉄は阪神国道自動車(阪神電鉄バス)に吸収合併され、完成した有料道路を通る直通バスが大阪や神戸から、阪急の運賃よりも安価で運行された。

一方、阪急は1928(昭和3)年から系列の尼崎バスや宝塚有馬自動車が未成線沿いにバスを運行し、1932(昭和7)年に延伸予定地周辺の伊丹町や宝塚市にて住宅開発に乗り出した。1936(昭和11)年には能勢電鉄の伊丹延長中止、翌年には阪急尼崎線を凍結し、尼崎駅予定地を阪神電鉄へ売却した。

1942(昭和17)年に尼宝道路は産業道路化の要望で、兵庫県に買収され県道尼宝線として無償化された。尼崎中央商店街には、1970年代まで阪急の所有地が残っていたという。

現在の阪神尼崎駅は、神戸と奈良を結ぶ阪神なんば線の要所となっている。阪神なんば線は２００９年までは西九条が終点の西大阪線だった。元々は伝法線と呼ばれ、阪神電車の野田駅までバイパスする予定だった。戦後に近鉄との乗入れを計画したが大阪市の強い反対に遭い、１９６４(昭和39)年の西九条延伸で頓挫していた。45年ぶりに未成線が実現する珍しい事例だ。

　阪神尼崎駅の北側には広い駅前広場があるが、阪神尼宝線の用地ではなく、阪急が対抗して計画した尼崎線の用地のようだ。阪神尼崎駅の拡張時に阪急から土地を譲り受けたとのことで、尼宝線の用地は尼崎駅の中に呑み

尼崎えびす神社付近。尼宝線はこの辺りで阪神本線から分岐する予定だった

込まれているようだ。ちなみに、尼宝線の建設のボトルネックになっていた尼崎駅の高架化は1963（昭和38）年に実現している。

用地買収はされていなかったようだが、尼宝線と阪神電鉄は尼崎えびす神社付近から分岐していたようだ。沿線は商店街がいくつも並び、日本一早いマジック点灯で有名な尼崎三番街商店街や、町おこしの拠点となっている三和市場なども並んでいる。

未成線の痕跡が現れるのはさらに西へ行った、武庫川手前の国道2号西大島交差点で、線路予定地には広いバス停と一緒に交番や駅前商店が並んでいる。東側には西大島市場が並び、この付近は生活上の要所だったことがうかがえる。線路用地を利用した県道42号は名前もそのまま「尼宝線」と名付けられている。

北上すると西側の路地が合流し、この県道が元々あった道路を拡幅したものではなく、最初から広く造られていたことが感じられる。

沿線には鉄道の駅とは距離があるものの年代の異なる住宅が並んでおり、特にJRと名神高速の間には市営の団地などが群生している。名神高速を過ぎると沿線はマンションがメインになる。阪急の線路と高架で立体交差すると、戸建てや昭和中期の街並みが残っている。

新幹線と交差する時友付近には、駅が造られる計画があった。交差点の周囲はいくつもの商店街や県営の団地や企業の社員寮などが立ち並び、主要駅として考えられていたのだろうと感じら

西大島交差点

西大島バス停

尼宝線沿いの風景

駅が予定されていた時友周辺

れる。

　商店地区を抜けると伊丹市になり、国道171号を過ぎると郊外型店舗が増える。ずっと直線だった道路は、イオン昆陽付近で西にカーブし始める。中国道宝塚IC付近で国道176号と合流し、宝塚の市街地へと入ると、いよいよ阪急の本拠地に乗り込んだ雰囲気が強くなる。

　国道176号沿いには特に痕跡はないが、宝塚歌劇場前交差点付近の宝塚劇場駅が設けられる予定だった。

現在、阪急宝塚駅の向かいのJR宝塚駅南には阪神バスのバス停が並んでいる。これがかつての阪急と阪神との闘いの終戦碑だろうか。

コンセプトは継承され、今も息づく

神戸地下鉄道

【路線概要】

神戸の地下に鉄道が走ったのは1936（昭和11）年の阪神電鉄三宮—元町が最初となるが、その以前から地下鉄道が模索されていた。

昭和初期、神戸の市街地は、古くから港で栄えて兵庫県庁が最初に置かれた兵庫、明治の開港で急激に発展した神戸、商業で発展した三宮の三つに分かれていた。しかし東海道本線以外に神戸の東西をつなぐ鉄道はなく、各私鉄はそれぞれ独自に神戸の中心地へと路線を伸ばそうとしていた。

私鉄各線をつなぎ、東西の移動をスムーズにしようと

計画されたのが神戸地下鉄道だ。神戸の財界人らが中心となって設立するが、神戸市により却下され、解散した。

しかし、その路線やコンセプトは継承され、今の神戸市内をつないでいる。

■ ■

1874(明治7)年に東海道本線の大阪―神戸が開通した後、神戸周辺の鉄道路線が次々と開業した。まず、1905(明治38)年に阪神電鉄が大阪―三宮で開通する。1910(明治43)年には兵庫電気軌道(現・山陽電鉄)が須磨―兵庫、神戸電気鉄道(1917〈大正6〉年に市営化し神戸市電に)の春日野(神戸市中央区脇浜町)―兵庫が開業。1920(大正9)年には阪急電鉄が上筒井(神戸市中央区坂口通)まで開業した。

各社とも、当時の神戸の中心地だった湊川へ延伸を計画していた。

また、1926(大正15)年に設立された神戸電鉄は、1928(昭和3)年に有馬温泉―湊川で開業している。市電と平野(神戸市兵庫区)付近で連絡する計画だったが、連絡せずに市街地となる湊川に直通すること

になった。

阪急の終点が上筒井となったのは、当時の神戸市が市街を分断する鉄道に対し、地下化を進める方針だったため、三宮まで乗入れることができなかったからだ。

第1次世界大戦のころになると大阪や神戸の鉄道利用者は倍増し、阪急と阪神の競争も激化していく。

阪急は上筒井から神戸市電へ乗り換えるために、8分ほど必要だった。阪神電鉄も御影付近と三宮付近が併用軌道（路面電車）になっており、輸送力に限界があった。兵庫電気軌道は1918（大正7）年に大開通に沿って、新開地と湊川を結ぶ支線を申請していた。

これら三つの私鉄を相互に連絡させる地下鉄道計画が、神戸地下鉄道だ。

神戸地下鉄道は瀧川儀作、水野正巳、早川徳次、金子直吉といった神戸の財界人などが発起人となり、1926（大正15）年に計画された。計画では阪神電鉄の住吉付近から湊川を

神戸港臨港線の高架橋。複線化にも対応した構造になっている

東海道本線に沿って三宮へ向かう阪急

経て西須磨を結ぶ路線と、脇浜町から海岸沿いに西須磨を結ぶ二つの路線があった。

しかし、1928（昭和3）年、神戸市議会は計画している神戸市電のルートと似ており競合が起きることや、市内の交通網として市営が望ましいという判断から神戸地下鉄道を認めず、会社は解散となった。

そのため、阪神と阪急は独自に神戸の中心部への延伸を目指すことになる。

阪神電鉄は神戸市による国道2号の拡幅計画に合わせて、工事を進めた。地下鉄での神戸中心部への乗り入れを求める神戸市の要望に応じて、春日野道と三宮には地下道を造り、地下化の準備を進める。また、省線も1926（大正15）年に国道2号をまたぐ神戸港臨港線の高架橋が開通した際は、神戸市が計画する高速地下鉄道を考慮した橋脚の設計を行っていた。

1929（昭和4）年に御影付近を高架化。脇浜町2丁目より西の国道整備に合わせて、1931（昭和6）年に三宮までの地下工事を着工し、1933（昭和8）年に完成。これで阪神電鉄本線から併用軌道を全廃することが出来た。春日野道交差点の北側には、阪神電鉄の変電所が残っている。

三宮までの地下化工事が完了すると、阪神電鉄として湊川まで延伸する申請も国に提出した。1935（昭和10）年には、三宮―元町の地下延長線を起工。省線の複々線化工事と重なって、阪神元町駅の上に省線元町駅が載る構造になった。三宮―元町が開業した1936（昭和11）年、梅田側も地下化に着手した。

阪急は1919（大正8）年に元町までの地下乗入れを計画したが、地下埋設物が多く地面を掘るだけでも3年かかるため、高架と地下の併用に変更申請した。しかし、1926（大正15）年には大阪側は複々線化が完了するなど順調に発展していたのに対し、神戸側は上筒井から神戸市電乗換のままだった。

遅れていたのは、兵庫県が申請を4年以上も保留したことや、神戸市に無断で高架鉄道の同意を提出したことで、神戸市会の鉄道高架反対運動が激化し、政治問題に発展したことなどが原因だ。

阪急上筒井支線の線路跡

1927(昭和2)年に省線東海道本線の高架に沿うルートで全線高架することに変更し、1929(昭和4)年に国の認可が下りる。1933(昭和8)年、阪急の高架乗入れを渋る神戸市と決着がつき、三宮高架乗入れが決定した。1935(昭和10)年起工、翌年開業した。上筒井支線はその後、1940(昭和15)年に廃止されている。

一方、神戸地下鉄道の終点が予定されていた西須磨。須磨区は1920(大正9)年に編入され、当時は神戸市の西端だった。

須磨など神戸の海岸沿いでは、1910(明治43)年に兵庫電気軌道の支線や、兵庫海岸軌道、兵須電気軌道によって、東尻池や駒ヶ林(共に神戸市長田区)を経由する鉄道など、須磨—兵庫間の申請が相次いでいる。

1917(大正6)年には西代—西尻池を結ぶ環状線も計画された。さらに、1920(大正9)年には併用軌道の多い兵庫電気軌道に対して、湊川から山手を通って明石に抜け、明姫電鉄と直通する神明急行の計画もあった。

神戸地下鉄道の第1期ルートの須磨周辺のルートは細部が定かではない。しかし、同様のルートが1920(大正9)年に神明急行電鉄として計画されていた。

神明急行電鉄は兵庫電気軌道を追い出された経営陣が興した会社で、湊川と明石を結ぶ予定だった。神明急行の板宿—湊川は、ルートが具体的に記録されている。板宿から長田高校の敷地を通り、苅藻川を橋で渡る。兵庫高校の山手を経て、神港高校付近からトンネルで会下山を抜け、湊川公園に至るというルートだ。

神明急行は実現しなかったが、後に山陽電鉄に引き継がれ、湊川延伸路線となった。

須磨には離宮公園や須磨浦公園（一ノ谷御料林）があり、海水浴場も人気だったことから、1925（大正14）年には整備された国道2号を通って市電が乗入れた。

兵庫電気軌道の海岸支線に対して、神戸市電はほぼ同一のルートの申請を1921（大正10）年に行い、市民運動などの後押しを得て、翌年に市電の第3期区間として認可された。それが市電須磨線や高松線だ。

和田岬では市電和田線が1924（大正13）年に開業していたが、兵庫運河の東岸の高松町止まりだった。1928（昭和3）年には兵庫運河を渡る高松跳開橋が完成。市電高松線が開業し、市電和田線と結ばれた。高松線は東尻池で須磨線と接続し、和田岬から兵庫を経て、須磨駅前までがつながった。このルートは、神戸地下鉄道の第2期海岸線

神明急行のルートが予定されていた新湊川付近

計画ルートと重なるところが多い。

　神戸市電の整備と併せて道路整備も進められており、市内交通の市営整備を神戸市が命題としていたことが分かる。

　鉄道が開業し始めた頃、神戸の中心部は湊川だった。しかし、昭和に入ると変化が起き始める。その原因の一つが、東海道本線三ノ宮駅の移転だ。１９３１（昭和６）年、省線は神戸市からの地下化要望に対し、建設費を理由に高架化を行った。現在の元町駅辺りにあった三ノ宮駅は、現在地に移転した。これにより、神戸の中心地が三宮に移っていくことになったのだ。

　やがて戦争により、鉄道の延伸は中断する。神戸市内の鉄道網が動き出すのは、戦後になってからだ。

　第二次世界大戦後、神戸市電は１９５３（昭和28）年に石屋川まで開通した。しかし、１９５０（昭和25）年に編入によって誕生した東灘区までは伸びなかった。

　阪神と阪急は戦前に各自で神戸市街への乗入れを実現していた。しかし、神戸電鉄や山陽電鉄が自前で実現するのは難しい。

神戸市電和田線。鉄橋で国鉄和田岬線を越す（1971年撮影）

神戸市内を東西に結ぶ鉄道が国鉄しかなく、交通のボトルネックになっていた。そこで1948(昭和23)年、神戸市は湊川に変わって神戸駅を中心とした地下鉄道を計画する。市内連絡線を公営鉄道で実現すると費用が嵩むため、公私合弁方式とした。現在の神戸高速鉄道である。

当初は湊川神社前に神戸総合駅を建設し、そこに向けて阪急三宮、阪神元町、山陽板宿の各駅から地下鉄道を伸ばし、神戸電鉄は湊川遊園地(湊川公園)から高架で国鉄神戸駅に至り、阪急、阪神、山陽とは途中の新開地で乗り換える計画だった。

しかし、1957(昭和32)年に神戸電鉄南北線の高架化反対が起きる。地元住民が高架によって市街地が分断されると訴えたのだ。この声に、神戸市会も反対を表明する。工事費の問題もあり、高架工事は断念された。

また、国鉄は神戸電鉄の乗入れに否定的だった。神戸電鉄の高架橋が、神戸駅の1番線に連絡することは技術的に不可能だというのが、その理由だ。国鉄とのホーム連絡が実現できないと効果が半減する。そのため、1963(昭和38)年、国鉄神戸駅の高架から乗り換えるより新開地の地下ホーム乗り換えの方が便利だと、計画変更になった。

神戸電鉄は50パーミルという急勾配を登り下りできる車両の能力を生かして、急角度で地下に潜り新開地駅のコンコース階に直結させることになる。工費が半分で済み、早期に着工可能で資金繰りの目途もつきやすかった。神戸電鉄が所有していた湊川―神戸の免許は、1965（昭和40）年に神戸高速鉄道に譲渡され、神戸高速鉄道南北線となった。山陽電鉄も所有していた湊川延伸線の免許を神戸高速鉄道東西線と引き換えに返上した。

神戸高速鉄道は、1968（昭和43）年に開業する。開業記念碑には開業日の新聞と関係者の全ての名簿（運輸省建設省、4私鉄、神戸市、兵庫県、施工業者）を収めた。

当初の予定では山陽電鉄西代駅の地下化が予定されていたが、建設費と工期の圧縮のため高速長田駅から地下化となる。地下化が見送られた西代駅は、1995年の阪神・淡路大震災の復旧工事により地下に切り替わった。

神戸高速鉄道開業に伴って、1971（昭和46）年に神戸市電は廃止される。高架市電も検討したが、市電の立体交差化に対して県や国の補助制度がなく建設費の採算が取れないため、地下鉄や自動運転の新交通システムを導入することを計画した。そして1977（昭和52）年から、神戸市電を引き継いだ神戸市営地下鉄が順次開業する。

地上駅だった頃の山陽電鉄西代駅付近

神戸市営地下鉄は当初モノレール案もあった。山陽電鉄西代駅の西で地下に入り、新長田経由の海岸線と分岐する計画だった。そして、長田駅の西から兵庫県庁までは高架で、そこからは地下で三宮に入る。市役所北から再び新長田に向かうというループ状の案だ。三宮、湊川、板宿を結ぶこの計画は、神戸地下鉄道のルートと近似している。

ほかにも神戸市営地下鉄では、市電路線の通っていた原田（神戸市灘区）を経由し、六甲山を抜けて箕谷（神戸市北区）まで結ぶ東部線も計画されていた。その後、布引に山陽新幹線の新神戸駅が出来ることになり、１９６９（昭和44）年に地下鉄が新神戸駅まで延伸することが決定され、１９８５（昭和60）年に大倉山―新神戸が開業する。

２０２０年、新神戸駅から谷上（神戸市北区）まで結ぶ北神急行が神戸市営化された。これにより、箕谷まで結ぶという市営地下鉄の延伸は達成されたともいえる。

神戸市営地下鉄海岸線の三宮・花時計前駅付近

阪神電鉄住吉駅

神戸地下鉄道の起点は武庫郡住吉村(現在の神戸市東灘区)とされているが、具体的には阪神電鉄住吉駅付近と考えられる。当時この付近は併用軌道になっており、速さをアピールする阪急に対してボトルネックになっていたため、いち早く高架化された。現在の住吉駅は1929(昭和4)年に高架化されたもので、階段の丸窓など当時のデザインのまま残されている。昭和初期、神戸市は高架鉄道に対して拒絶反応が強かったが、1950年まで住吉は武庫郡だったため特に問題は起きなかった。

地下鉄道の経路は具体的に残ってはいないものの、地下鉄は道路の下に造るという考え方から、1926(大正15)年に完成した国道2号を利用し御影付近から地下に入った可能性が高い。

御影からさらに西へ行き、現在の神戸市灘区に入る。現在の阪神電鉄岩屋駅付近の脇浜町からは、海沿いに延びる海岸線が計画されていた。昭和初期、神戸の海側には当計画の出資者でもある鈴木商店系列の神戸製鋼や川崎造船所などの工場が建設され、工業地帯としても急成長していた。

脇浜町付近は、まだ上筒井駅が終点だった阪急にとって阪神と合流しやすい地点であり、また、西隣の春日野道までは神戸市電が通っている。さらに省線東海道本線は春日野道より西で、高架化か地下化が検討されていた。これらのことから考えると、阪急は現在のルートよりも南に向かい、岩屋駅付近で神戸地下鉄道へ接続させるように検討していたと思われる。

神戸市営地下鉄海岸線は、阪神・淡路大震災後に製鉄所跡を再開発したＨＡＴ神戸まで延伸する計画があったが、これは神戸地下鉄道の名残ともいえる。神戸地下鉄道が実現していれば、脇浜町が神戸市東部の交通の結節となる可能性もあった。

阪神電鉄岩屋駅

脇浜２丁目から三宮駅東の小野柄通６丁目までの国道２号の整備は、阪神電鉄の地下化と併せて行われた。

現在の三宮駅東には生田川が通っている。これは、明治の初期に付け替えられたもので、旧生田川跡地は１８７１（明治４）年に道路として整備され、布引（新神戸駅付近）に向かう道ということで滝道と呼ばれた。

現在のＪＲ三ノ宮駅周辺は、長らく玄関口の役目を果たしていた三宮ターミナルビルが姿を消した。代わりに阪神・淡路大震災で姿を消していた阪急神戸三宮駅が、デザインを継承しながら２０２１年開業予定の高層ビルとして姿を現している。

神戸電鉄湊川駅

兵庫電気軌道は明治期に兵庫駅まで開業していたが、大正期には湊川や神戸に中心が移っていた。

湊川地区は、大雨の度によく氾濫していた旧湊川を１９０１（明治34）年に付け替え、跡地を開発した地域である。再開発されたエリアは新開地と名付けられ、映画や劇場や神戸タワーなどが立ち並び浅草と並ぶ繁華街となって栄えた。兵庫港がある沿岸部には造船工場が建設され、労働者で賑わった。

阪神や山陽が延伸しようとした湊川に、１９２８（昭和３）年、神戸電鉄が開業した。現在は地下化されているが、湊川公園の下

湊川商店街。この先から神戸駅延伸ルートが伸びる計画だった

(地上1階)には当時のホームがコンコースになって残っている。

湊川の河川跡には神戸市電が走っており、神戸市内へと連絡していた。戦後に神戸電鉄が計画した国鉄神戸駅への延伸は、湊川東にあった神戸市役所の裏を通り相生町から国鉄高架線沿いに曲がって、高架駅で神戸駅と連絡する予定だった。

延伸計画は神戸高速鉄道の南北線に引き継がれたが、国鉄からの乗り入れ拒否や商店街の立退き反対があり、新開地駅への延伸となった。新開地駅への延伸は湊川駅の西側道路の地下を通ったため、神戸駅延伸ルートとして用意されていた土地は湊川商店街の南端から市道福原線になっている。

神戸高速鉄道の開通と神戸市電の廃止で、湊川は事実上の神戸電鉄の途中駅となった。1957(昭和32)年には神戸市役所が三宮に移転し、神戸タワーも1968(昭和43)年に撤去された。

しかし1983(昭和58)年には神戸市営地下鉄が開業し、震災後には芸術を軸にした再開発を行われている。公営住宅の建て替えや湊川公園の整備などが行われており、かつての賑わいを取り戻そうとしている。

■■

２００１年、神戸市営地下鉄海岸線（三宮花時計前―新長田）が開業した。この路線も神戸地下鉄道の海岸線の構想が源流になっており、終点の新長田駅を西の副都心に改めた。

２０１７年より神戸市営地下鉄と阪急神戸線の直通運転が検討されたが、経済効果が高くないとして当面見送りになった。

もし直通運転が実現した場合、神戸地下鉄道のルートを阪急が走ることになる。コンセプトが継承された神戸高速鉄道や、路線が継承された神戸市営地下鉄海岸線に次いで、幻となった神戸地下鉄道の夢がまた一つ叶うことになる。

開業するには、ライバルが多すぎた

阪神海岸鉄道

【路線概要】

阪神海岸鉄道は神戸市中央区を起点に海岸沿いを進み、大阪市此花区桜島までを結ぶ予定だった鉄道だ。出願者には川崎造船所初代社長の松方幸次郎も名を連ねている。

しかし申請が出た当時、すでに阪神間には東海道本線のほか、阪神電鉄や阪急電鉄も開業しており、さらに同じような路線の申請も相次いでいた。また、酒どころである灘や、当時は集落が少なかったエリアを通ることなどから、実現はしなかった。

阪神海岸鉄道は１９２３（大正12）年に申請された。発起人には、松方幸次郎、稲畑勝太郎（稲畑産業創業者）、鹿島房次郎（第４代神戸市長）、瀧川儀作、鈴木岩治郎、吉本亀三郎（鈴木商店工務部長）、喜多又蔵（日本綿花社長）、湯川忠三郎、西正次郎など錚々《そうそう》たる顔ぶれが並ぶ。

１９２５（大正14）年にも同類の起案があり、阪神電鉄支線（神戸市中央区真砂通～大阪市港区北福崎西之町）や阪神海岸電気鉄道（神戸市東灘区青木～大阪市此花区島屋町）、同名の阪神海岸鉄道（神戸市南本町～大阪市住吉区浜桜町）などが申請されていた。

しかし、阪神海岸鉄道を含む多くの路線は実現しなかった。その理由として、阪神間に既成や未成の路線が国鉄と私鉄で５線あったことがあげられる。さらに西宮以西は人家が多く、灘の酒蔵を鉄道が通過するのは困難だった。また、西宮から大阪港間の海岸は無人地帯で、乗客がいるのか分からない。貨物専用線としても、国鉄と水運で充分対応できる。さらに、大阪港が完成したことで神戸港経由の荷

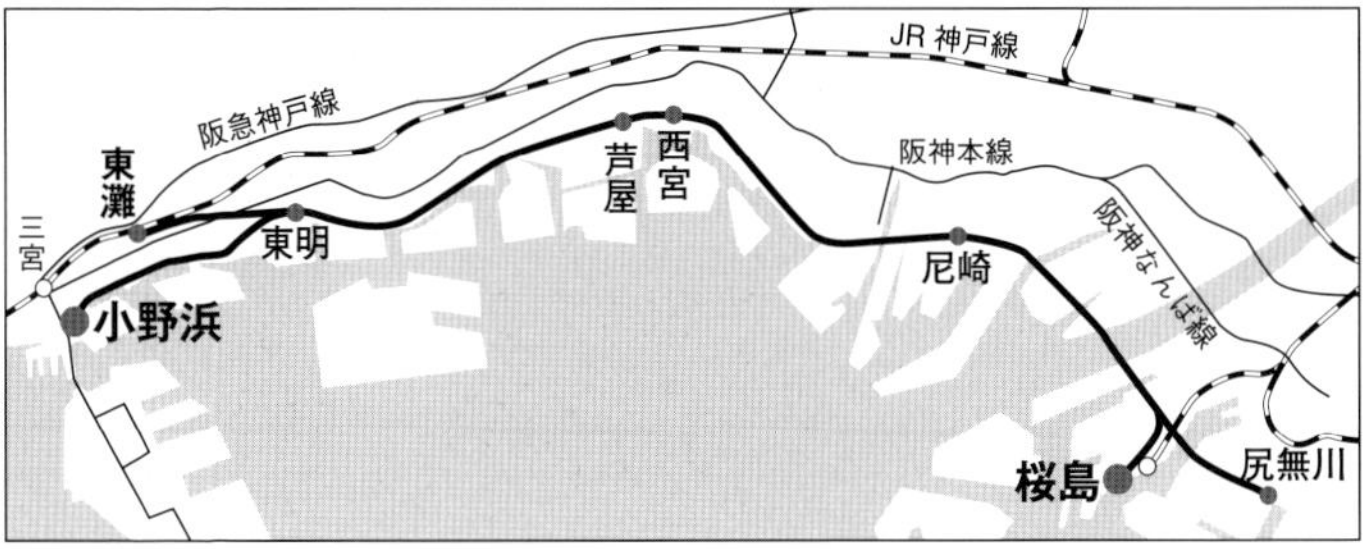

物は1912（大正元）年と比べて1924（大正13）年は4割に減っていることも大きかった。

加えて、開業したとしても阪神電鉄の収益悪化の可能性や、灘の酒蔵への補償が高額になる恐れもあった。沿線自治体の反対も強く、大阪市より淀川以南は高架化するよう希望が出され、尼崎港に固定橋をかけると船の航行に支障があるので対策が必要だったことも、計画が中止された理由となった。

交通の不便な淀川河口付近には発起人の所有地もあり、活かせる予定だったが、未成線として終わってしまった。

■　■

阪神海岸鉄道の計画では、起点は国鉄小野浜駅（神戸市中央区、後の神戸港駅）、終点は国鉄桜島駅（大阪市此花区）となっていた。

起点となる小野浜駅は神戸港の貨物線が開業した時に出来

小野浜駅（神戸港駅）跡

御影駅が予定されていた南魚崎駅付近

た駅で、現在の神戸税関前から阪神高速3号線生田川ＩＣ付近に渡る貨物駅だった。

国道2号浜手バイパス沿いに灘駅に向かう国鉄に対し、阪神海岸鉄道は海岸沿いを通る。阪神・淡路大震災後にＨＡＴ神戸となったエリアの、かつては川崎製鉄があった付近を抜ける。鉄道計画が申請された当時は、摩耶埠頭付近に市境界があり、敏馬《みぬめ》駅が予定されていた。

また神戸港臨港線の東灘信号場への支線もあり、東海道山陽本線との連絡も考えられていた。東灘信号所との分岐駅として考えられていたのが東明駅だ。味泥《みどろ》から新在家にかけて都賀川の河口付近を通った先、石屋川の手前に予定していた。

当時の御影町の東端、現在の六甲ライナー南魚崎駅付近に御影駅が造られる予定だった。そこから東へ進んだ瀬戸公園付近には、魚崎駅が予定されている。計画当時はまだ魚崎浜の埋め立て地はなく、河口付近に小さな集落があったようだ。

青木（当時は本庄村）に入ると、やや山側に寄って大きな集落を避けて進んでいく。芦屋川に沿って大きな集落があり、その合間を縫っているようだ。深江南町の付近に深江駅があり、芦屋駅は芦屋浜の中ほどの宮川の河川上となっている。山手に加え浜手も地価が高い芦屋では阪神、阪急ともに芦屋川上に駅が建っている。

芦屋からは現在の臨港道路沿いに通る予定だったようで、西宮港の西側にあるスーパーマーケット付近に西宮駅が予定されていた。臨港道路をさらに行き東川を渡った付近が、今津駅の予定地だ。いまや臨港道路沿いは大型店舗が立ち並んでいるが、計画当時は無人地帯で採算性が危ぶまれていた。

甲子園の南側には、中津駅が予定されていた。阪神電鉄の集客力の要だった甲子園球場に対し、直線的で駅数も少なく行ける路線だったために、阪神電鉄にとって脅威になりえると考えられたのだ。

鳴尾村に入ると鳴尾競馬場の南を通り、鳴尾川と武庫川の中間に鳴尾駅が予定されていた。ちなみに鳴尾競馬場は戦時

西宮駅予定地。今は多くの店が並ぶ

尼崎駅予定地の道意町付近

中に海軍が接収して鳴尾飛行場となり、戦後は米軍に接収された。かつて、大阪空港の候補地にもなったが、市街地が近いことなどから実現しなかった。海軍の飛行場の管制塔として利用された鳴尾競馬場のスタンドは、武庫川女子大学付属中学・高校の教室となった。２００４年に文化財として保護することが決定し、修復工事が行われた。現在は「芸術館」として利用されている。

武庫川の河口を避けて渡り、尼崎の運河を陸地側に避けた道意町付近に、尼崎駅が予定されていた。大阪市に入ると、中島川と神崎川に挟まれた海岸地帯に川北駅がある。旧岸壁の近くを通っており、中島公園付近と考えられる。

新淀川を渡ると、正蓮寺川との間に新淀川駅。そのまま南進すると安治川駅の工場地帯に到達する。当時は汽車製造の大きな工場があり、住友製鋼所(日本製鉄)の工場を西に避けて桜島駅に向かっていた。

現在の桜島駅はＵＳＪの敷地前にあるが、当時はその西側

JR桜島駅

にあり、港の線路が並ぶ貨物ターミナルだった。また、住友製鋼所と汽車製造所の間を地下で抜けて安治川を潜り、尻無川に向かう支線もあった。

当時尻無川には大阪臨港線が建設され、大阪駅と大阪港駅を結ぼうとしていた。後にこの臨港線が活躍することによって、貨物扱いが神戸港から大阪港へ移り、大阪駅と今宮の区間は大阪環状線の一部となった。

■■

並行路線の多い阪神間には計画当初よりもさらに数倍にもおよぶ有象無象の鉄道申請があった。そんな中、阪神海岸鉄道は貨物専用として後日再申請されている。そうしたのは後から旅客化しようと考えていたのか、貨物輸送だけで採算がとれると考えたのか、興味深い。

169　阪神海岸鉄道

梅田への道のりは、
儚く遠い

京阪電鉄梅田線

【路線概要】

京都府や滋賀県と大阪府をつなぐ、京阪電鉄。大阪側のターミナル駅である淀屋橋駅は、ＪＲや阪神、阪急が乗り入れる梅田から少し離れた中之島にある。実は、京阪も梅田に乗り入れる計画があった。それが、京阪電鉄梅田線だ。

しかし、京阪を待ち受けていたのは不運の連続としかいえない状況だった。新会社の経営不振、膨れ上がる負債による計画変更、阪急電鉄との吸収合併……。

京阪は梅田乗り入れのための土地も路線も

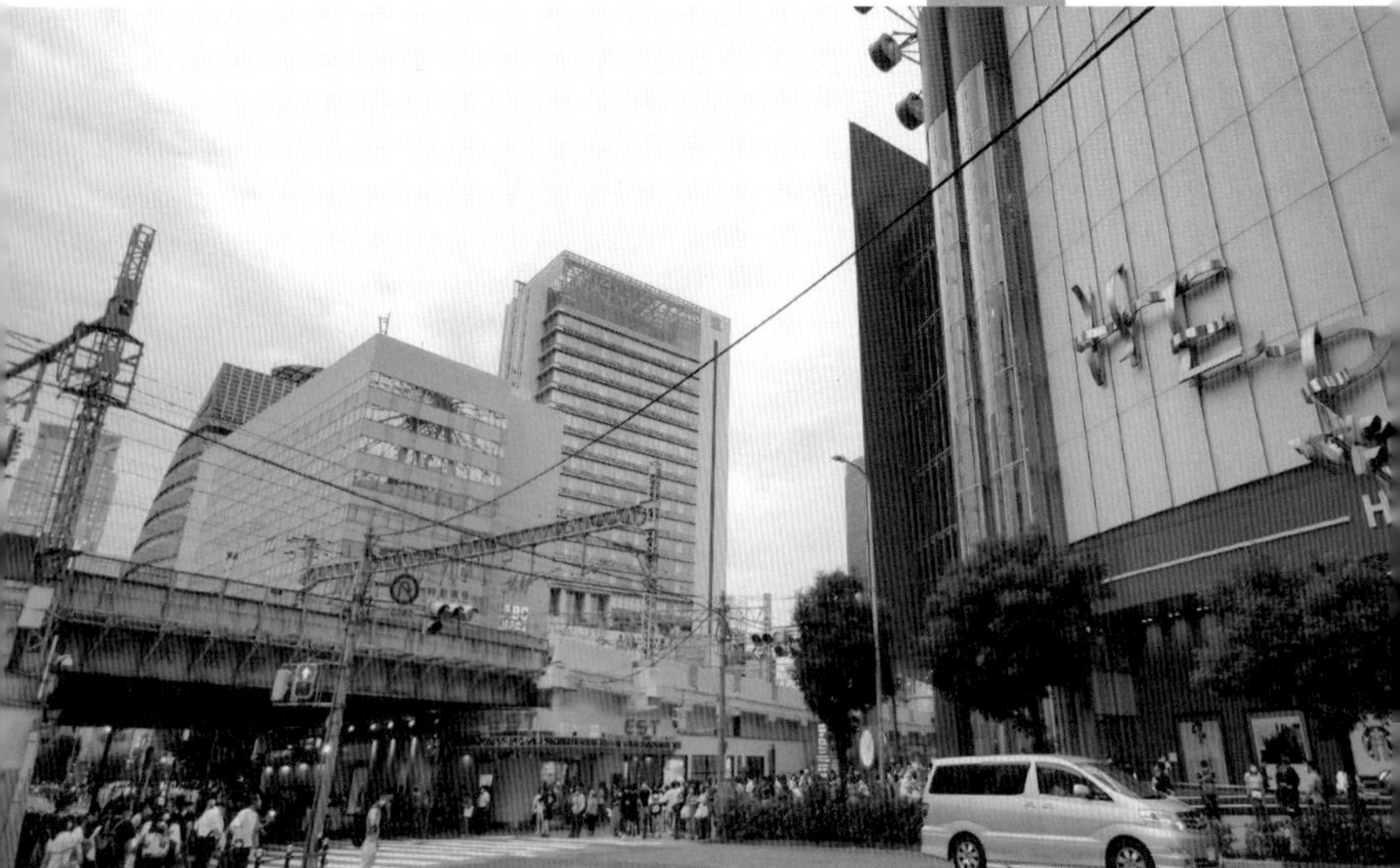

失ったが、その足跡は大阪市内にかすかに残っている。

■■

京阪電鉄は1910(明治43)年に京都・五条─大阪・天満橋を開通した。そしてさらなる速度向上や輸送力増強を図って、また、ライバル路線の建設対策として淀川西岸を通る新京阪線(現在の阪急京都線の原型)を1919(大正8)年に計画する。

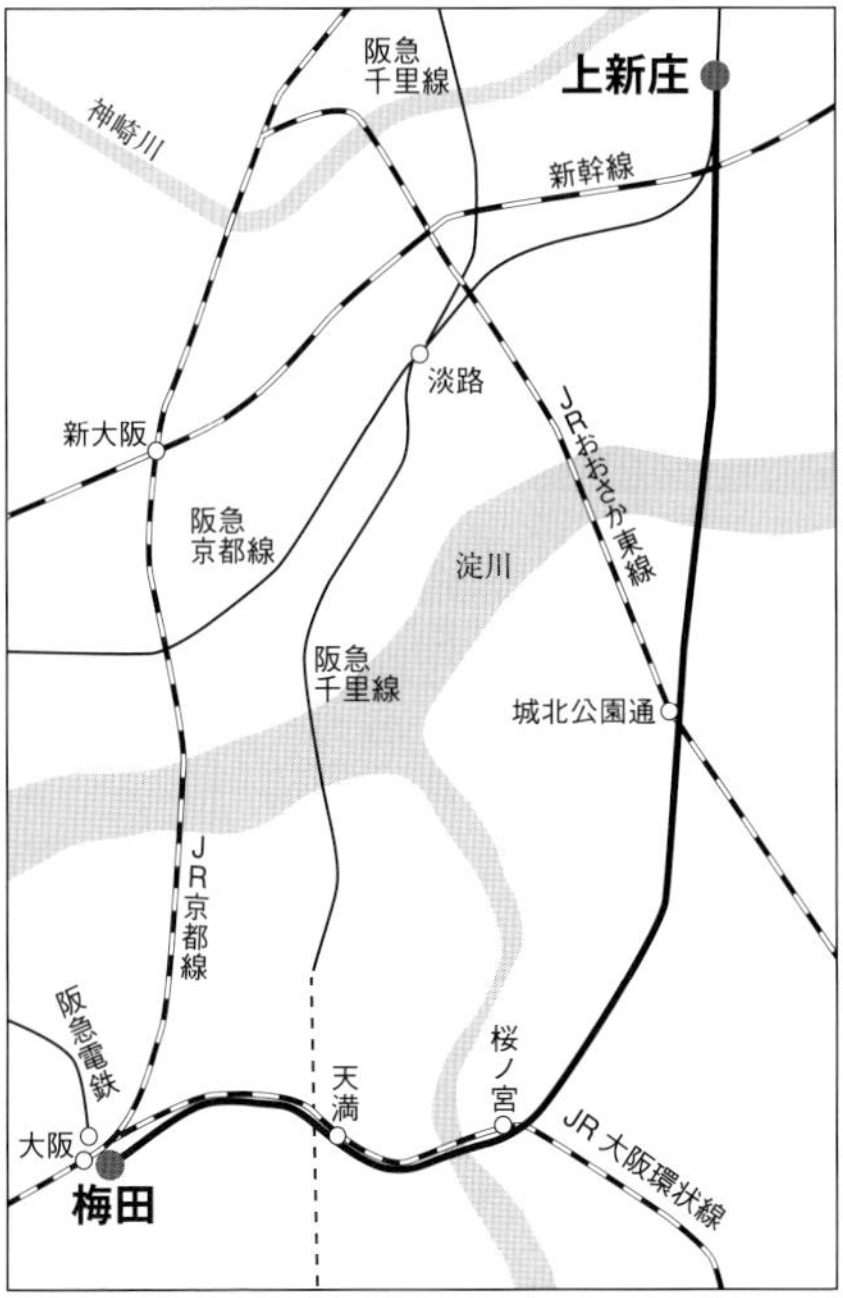

ちょうど大阪市の都市計画に合わせて、鉄道省の城東線(現在のJR大阪環状線)が高架化し、移設する計画があった。そこで京阪は城東線の跡地を使って桜ノ宮から梅田を目指すことにする。

京阪には上新庄(大阪市東淀川区)から赤川(大阪市旭区)を経て桜ノ宮へ向かう新京阪線を建設し、京阪本線の森小路(大阪市旭区)から赤川を経て天神橋筋六丁目までを結ぶ京阪城北線の計画もあった。赤川で京阪と新京阪が連絡し、京阪も梅田へ乗り入れる計画だった。しかし独自に都市計画を策定していた大阪市がこの計画に猛反発した。

京阪と大阪市は協議を続け、2年後の1922(大正11)年に路線が認可される。早速、新線建設のために新京阪鉄道が創設された。

だが関東大震災の緊縮財政によって、城東線の高架化は凍結されてしまった。新京阪鉄道は北大阪電気鉄道から路線を譲り受け、天神橋(大阪市北区)を起点に切り替えた。北大阪電気鉄道は十三(大阪市淀川区)から淡路(大阪市東淀川区)を経て千里山(大阪府吹田市)を結んでおり、淡路から天神橋への免許も取得していた。当時、天神橋は大阪市の市境で、玄関口だった。

新京阪は上新庄から淡路を結ぶ形で、1928(昭和3)年に天神橋駅(現・天神橋筋六丁目駅)から西院駅(京都市右京区)まで開通する。

一方、京阪電鉄には葉村町(大阪市北区中崎付近)から角田町(阪急百貨店本店付近)までの許可が下りた。城東線の高架化工事も再開し、梅田乗り入れの目途も立つ。阪急線との直通運転も検討された。

しかし金融恐慌による不況と新京阪の経営不振で、京阪の負債は莫大な金額に膨れ上がっていた。そこへ大阪市からの都市計画への要請もあって、1928(昭和3)年に建設計画の整理削減を行った。

京阪は野江(大阪市城東区)から桜ノ宮を経て梅田(大阪市北区)、新京阪は天神橋から梅田を結ぶ計画だ。この計画に合わせて大阪電気軌道(近鉄)も蒲生(大阪市城東区)から桜ノ宮や天満橋への直通運転を計画した。

しかし建設費削減のため、淀川を渡る上新庄―赤川の区間と野江―桜ノ宮の免許を取消し、京阪の路線は城北線の森小路―赤川―天神橋と梅田線の赤川―角田町(梅田)に集約された。そして破産寸前となっていた新京阪を、1930(昭和5)年に京阪が吸収合併する。しかし、状況は悪化の一途を辿った。

1932(昭和7)年、京阪の負担で契約していた城東線の建設費の差額が支払えなくなる。それにより城東線の鉄道省からの払い下げ契約は破棄されてしまい、京阪は梅田線を諦めることとなった。

1932(昭和7)年には京阪本線の複々線高架工事に際して、蒲生駅を城東線近くに京橋駅として移転した。国鉄への乗換のための急行停車駅になり、梅田乗入の必要性は薄くなった。そして1942(昭和17)年には梅田線に関係する路線免許が失効となり、京阪の梅田乗り入れ計画は潰えた。

1943(昭和18)年、京阪電鉄は阪急電鉄に吸収合併され京阪神急行電鉄となった。1949

（昭和24）年に新たに京阪電鉄として独立したが、新京阪の路線は阪急京都線となり京阪電鉄のライバルとなってしまう。

しかも、京阪が負担した城東線工事費用の代わりとして確保していた角田町付近の鉄道省の用地は、交渉に介入してきた阪急に押さえられてしまった。現在、京阪梅田駅の予定地には、阪急グループのＨＥＰＦＩＶＥと屋上の巨大観覧車が立っている。

■　■

現在、阪急のＨＥＰＦＩＶＥとなった大阪市北区角田町の京阪梅田駅予定地。ここから環状線内側の旧線に沿う予定だった。新御堂筋を渡ったボートピア梅田の東に断片的に残っていた用地も、再開発されてほとんど跡形がなくなっている。

中崎町周辺に残る用地

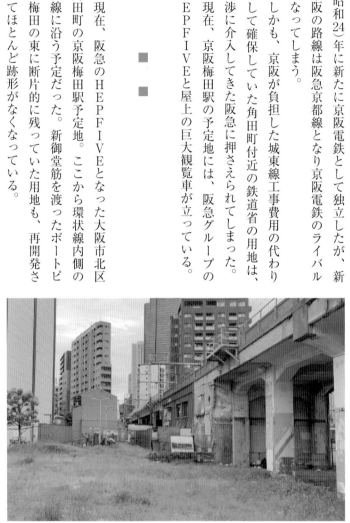

旧環状線の橋台

環状線が中崎町で都島通を渡ると、大阪市の駐輪場から東では環状線沿いに細長い用地が続いていく。中崎町は新京阪の初期の起点だった。中崎町には都市計画道路の梅田長柄線が建設されているが、京阪梅田線の用地を前にして工事は長らく止まっている。

さらに東には、自動車整備工場やアートギャラリーなどが用地跡に並んでいる。JR環状線と交差する道路から見ると、どの交差部分からも高架沿いに同じ幅で建てられた建物を見ることが出来る。

天神橋筋と交差地点にあるコンビニで跡地はいったん途切れている。天満駅周辺の旧線跡は駅前道路となり、阪神高速を潜った東側から再び姿を現す。天満橋筋との交差部ではホテルと老人ホームになっているが、大川（旧淀川）沿いの角には旧線のレンガ積みの橋台が残されている。

大川の対岸に渡るとＪＲ桜ノ宮駅の西端にも環状線旧線の橋台が歩道沿いに残されている。京阪には橋梁なども譲渡される予定だった。京阪桜ノ宮駅の予定地には、マンションや駐輪場が設けられている。

隣接している幼稚園の北側には、環状線が京阪梅田線を立体交差する跨線橋が残っている。高架の南北に抜ける歩道として使われているが、本来は京阪梅田線が東西に抜ける構造だった。線路が通る部分は美容室や居酒屋に利用されており、橋梁には「京阪電鉄乗越橋」（しゅん功昭和7

京阪梅田線の乗越橋

新しく造り直された銘板

関西鉄道の橋台

年8月)の銘板が付けられている。
京阪電鉄乗越橋の東側には、1901(明治34)年に開業した関西鉄道(後に国有化)の橋台も残っている。大阪市内の国鉄網が、私鉄によって整備されていった明治時代の痕跡がいくつも残されているのだ。また桜ノ宮駅の北側にはかつて、大川の船運と鉄道を連絡する淀川貨物線の淀川駅があった。貨物線は1982(昭和57)年に廃止されたが、運送会社の倉庫は現在も営

赤川1丁目の城東貨物線との立体交差跡

業している。

環状線を潜った京阪梅田線は北東に向きを変え、国鉄の淀川電車区や淀川駅（現在の総合医療センター）を越えて都島通りを抜ける予定だった。赤川1丁目の城東貨物線と立体交差は、今では拡幅され、おおさか東線の城北公園通駅が設置されている。さらに北上して赤川3丁目から淀川を渡り、上新庄駅へと一直線につなぐ予定だったが、赤川3丁目から先に鉄道らしい痕跡を見つけることはできなかった。

■　■

京阪梅田駅は阪急梅田駅と隣接し、直通運転も検討していたようだ。京阪梅田線が完成していれば神戸や宝塚から京都への直通運転が実現したかもしれない。京阪が開業した際にも、大阪市電を経由して天満橋から梅田まで乗入れ、阪神電鉄と直通運転が検討されていた。しかし、乗入れのために工事費を負担した大阪市電には裏切られ、自前で建設した新京阪は梅田駅予定地ともども阪急のものになり、京阪にとって梅田乗入は不運の連続だった。

長年に渡る梅田乗入れの夢を引き継いだ京阪中之島線には、せめて幸運が訪れることを祈るばかりだ。

夢は夢のままで終わるのか、
時を経て叶うのか

阪急電鉄新大阪線

【路線概要】

阪急電鉄新大阪線は、阪急京都線の淡路駅からJR新大阪駅を経由し、阪急十三駅に至る路線である。

東海道新幹線の開業に合わせて計画された路線だったが、工事は進まず中止となる。存在意義が失われた阪急新大阪線だが、JR大阪駅北側の再開発によって約半世紀ぶりに脚光を浴びることになった。

鉄道が走らなかった未成線に、鉄道が走る日がくるかもしれない。

戦前には、阪急京都線の前身である新京阪と、新幹線の前身となる弾丸列車の新大阪駅を結ぶ計画もあった。しかし、東海道新幹線の計画に合わせて、新大阪を経由する淡路―十三と新大阪

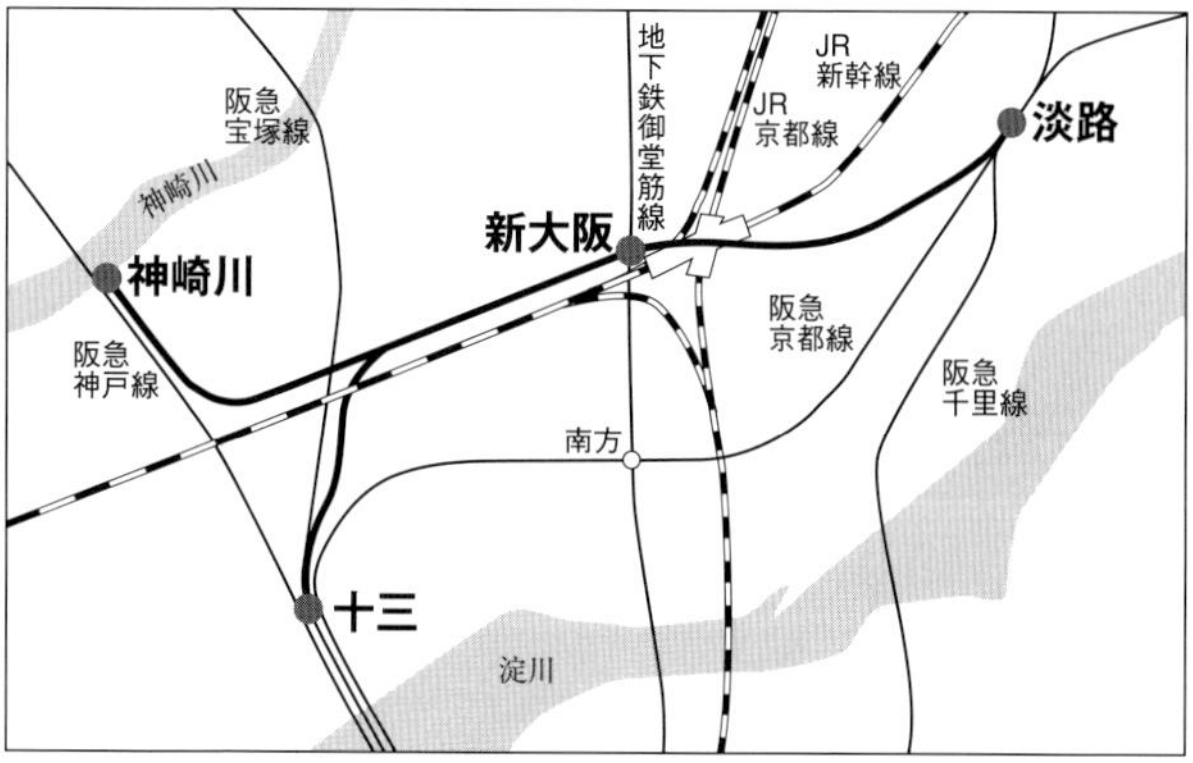

―神崎川の計画に変更となる。こちらを京都線の本線にして、京都―神戸直通運転が可能になる予定だった。

当時の大阪梅田駅はホームが狭く、1959(昭和34)年に京都線が乗入れて混雑していた。副都心として計画された新大阪において、阪急新大阪駅は御堂筋線との乗換駅も兼ねた第2のターミナルになる予定だった。

1961(昭和36)年に免許が下り、阪急新大阪駅は新幹線と並ぶ形で御堂筋線の上に建設されることになった。1964(昭和39)年、東海道新幹線および御堂筋線の新大阪駅が開業する。しかし1965(昭和40)年完成予定だった阪急の淡路駅や十三駅の高架化は全く進んでいなかった。そこで阪急京都線との乗換駅として、御堂筋線西中島南方駅が建設される。

一方、阪急梅田駅は1966(昭和41)年から始まった高架

地上を走る京都線。左のビルが現在の阪急大阪梅田駅（1970年撮影）

移転と車両の10両編成化によって混雑が解消され、旧梅田駅には阪急百貨店が建てられた。

　用地買収の遅れと地価の高騰もあり、新大阪から神崎川への延長計画は、地下鉄千日前線の神崎川延伸計画と併せて１９７１（昭和46）年に都市交通審議会から消える。淡路駅は高架化して国鉄外環状線と連絡することが検討され、十三駅は１９７４（昭和49）年に高架化の協議が始まった。

　１９７０（昭和45）年の大阪万博を機に、かつては京都線の終点だった天神橋駅（現・天神橋筋六丁目駅）が地下鉄堺筋線と接続され、直通運転を行うようになった。新大阪駅周辺の発展が遅れていたこともあり、阪急新大阪駅の存在意義は失われていった。

　淡路駅高架化は１９９４年に決定し２００８年に着工したものの、新大阪線としての乗り入れは全く考慮されていない。２００３年には淡路—新大阪、新大阪—神崎川の免許が失効したが、地下鉄四つ橋線との直通計画のあった新大阪駅—十三間の免許は残された。

十三駅の北側、宝塚線と京都線の間に新大阪線の用地はあった。保線車両の車庫となっている部分だ。

宝塚線高架化で当時の面影は少ないが、野中南公園の沿いの線路の東側には阪急系列のタクシー会社や駐車場があり、次第に線路沿いの駐車場は幅広くなっている。JR宮原車庫の西側では山陽新幹線の橋脚が斜めになっており、この下を新大阪線の高架橋が通る予定だった。ここで神崎川方面からの路線も合流し、新大阪駅に向かう計画だった。

合流地点には阪急系列のタクシー会社の駐車場があり、宝塚線を越えた西側の新幹線沿いも阪急系列のコイン駐車場になっている。さらに西に向かうと線路らしい痕跡はないが、野中小学校のグラウンドは阪急からの貸地で

斜め向きになっている山陽新幹線の橋脚

十三市民病院近くの踏切

あるらしい。

　この先、用地買収はほとんどされていないとのことだが、阪急神戸線への曲線を考えると十三市民病院付近を通って、神戸線に並走していったと考えられる。神崎駅周辺には阪急系列の駐車場がいくつかあるが、高低差やガード下の道路を考えると市民病院の踏切付近で分岐だったのではないだろうか。現在は分岐点付近やカーブ区間には大型のマンションが建っており、現実的には建設は難し

新御堂から見える阪急新大阪駅準備工事跡

い。神崎川への路線免許は２００３年に廃止届けが出されている。

宮原の合流区間から東は、山陽新幹線の北側に阪急系列の駐車場が約１km続いている。御堂筋線の新大阪ホームの屋根の上には阪急新大阪駅の２面４線の準備工事が残っており、新御堂から眺めることが出来る。さらに東の線路予定地は新大阪から淡路駅間が２００３年に免許廃止したため、新大阪阪急ビルが２０１２年に竣工し、１階は高速バスのターミナルになっている。

「京阪神急行線」の表記がある橋梁

２０１３年には新幹線新大阪駅の27番ホームとしても利用された。ＪＲ在来線のホーム上にも橋脚が用意されていたが撤去され、今はコンコースになっている。

在来線の東側で、東海道新幹線の高架下を潜って、淡路駅へ向かう。交差部はＪＲ関係者の駐車場と駐輪場になっている。新幹線の高架下は線路に沿って斜めの高架橋になり、橋梁名は京阪神急行線橋梁となっている。交差部の北側にはホテルがあり、東側は阪急の駐車場になっている。

高架を潜ると団地の北側に緑地帯や駐車場として線路跡が残っている。府道１３４号の東側の駐車場には阪急の境界杭が残るが、そこで路盤はいったん途切れる。断片的に駐車場やプレハブ建物が点在するが、マンションや家屋も多く立ち並び、住宅街を抜けた先の阪急京都線は淡路駅の立体工事の橋脚が立ち並んでいる。

■　■

2004年に地下鉄四つ橋線の十三延伸計画が発表され、2007年には阪急新大阪連絡線との一体整備の事業性も検証された。2012年には阪急と南海を四つ橋線に接続し、新大阪—関西空港を結ぶ計画が立てられる。しかし四つ橋線西梅田駅の延伸は、地下道の基礎杭は対応可能だが、阪神電鉄本線のトンネルは干渉が避けられず、財政の問題もあって凍結状態となった。これに代わるルートとして、阪急は2017年に新大阪連絡線と十三駅から北梅田駅を結ぶ「なにわ筋連絡線」を計画した。

なにわ筋線は1989年に計画が策定された路線で、関西空港から新今宮を経由して梅田貨物駅跡に出来る北梅田駅(計画当初は新大阪駅)を結ぶ。訪日観光客のアクセス性改善は大阪都構想の公約にもなっており、2014年を境に一気に進展しはじめた。このなにわ筋線に北梅田駅南側で接続し十三駅には地下で連絡するのが、なにわ筋連絡線だ。

阪急の境界杭

新大阪駅は2037年のリニア新幹線、2046年の北陸新幹線が乗り入れる集合地として、2018年に地方創生回廊中央駅構想が打ち出された。阪急では梅田駅から宝塚線を経由して伊丹空港へ結ぶ大阪空港線も計画されており、阪急神戸線による神戸空港へのアクセスも含め、関西3空港と新大阪駅からの広域アクセスを結び付けようとしている。

JR梅田貨物駅跡の再開発は2016年に北梅田駅（JR大阪駅）の建設が始まり、2023年に開業予定、2024年には「うめきた」新駅も完成予定である。

1961（昭和36）年の認可から半世紀経って蘇った新大阪連絡線計画は、いよいよ実現するのか再び未成線に戻ってしまうのか。10年、20年後が楽しみでならない。

あとがき

未成線という存在を知ったのは、五新線がきっかけでした。ネットが普及した1990年代。様々な人が情報発信出来るようになり、情報交換が可能になりました。廃墟や廃線もその一つで、資料や研究が豊富でアカデミック要素の多い廃線や冒険的でアングラ要素の多い廃墟を追って旅をしていました。

特殊な廃線跡として足を運んだ五新線は、一目惚れするような空間でした。四季折々の美しい風景の中、人と自然が調和したような世界でした。美しい山並みを優雅な線形で結ぶ路線バスは、バス専用道という珍しさもあって絵になる光景でした。そして何より、鉄道現役当時の写真や資料がないことに強く惹かれました。

廃線跡の探索はともすれば、現役当時のイメージを再現するところで満足してしまいがちです。しかし当たり前ながら、未成線には現役当時の映像はありません。そして何より魅力的なのは、鉄道開通の影響を受ける前の街の姿が鑑賞できることです。駅が出来ると街並みが影響を受けて、廃線跡でも駅前らしさを感じることがあります。駅が設けられる規模の集落で、駅ができる前の街並みは未成線の魅力の1つでしょう。

2001年と翌年、JTBより『鉄道未成線を歩く』が発行されました。その巻頭特集が、名羽線でした。最深部を前に撤退した記事を読んで、驚くとともに必ず自分の目で見てみたいと思いました。

地元で探索している人たちのＷｅｂサイトを見てもトンネルを見つけた者はおらず、途中の経路も誰も探索してないエリアがある状態でした。そんな折、退職してバイクで房総半島まで旅した帰り、なぜか北海道に着きました。念願のチャンスを手にして、羽幌に向かったのですが、結果的にほとんど辿り着けずに敗退しました。本州の未成線からは想像できないほど、暴力的な大自然でした。

何度か訪問して背丈より高い藪にアタックしたものの、大自然には敵わないことを思い知りました。マイナス40℃の地域では越冬する草木がほとんど育ちません。その代わり、雪融け時期が来ると一斉に草が生い茂り2週間ほどで路盤を覆い隠してしまいます。

発想を逆転させ、雪融け時期を狙って探索し、その年ごとの融雪範囲を探索することを何年も繰り返しました。ようやく大部分が探索できたものの、肝心のトンネルの位置が絞り込めません。人工物のない原生林の中で線路の痕跡を探すのは困難でした。

そこで今度は、建設時のトンネルの工法から逆算して矛盾しない地点を何ヶ所か決め、伐採跡や作業道路の痕跡がないかを調べました。草木が育ちにくい地域なので、伐採跡は何十年か残るのです。土木技術や鉄道建設の事務的な流れ、建設資料の読み解きなど様々なアプローチを試みました。

廃線跡であれば、見つからないイコール撤去済みなのですが、未成線の場合は造られなかったのか撤去されたのか見つけられなかっただけなのか分かりません。なかったことを証明するのは「悪魔の証明」と呼ばれ、非常に難しいことでした。

建設に関する資料には、地元の鉄道建設に対する熱い思いや郷土史などが描かれていました。かつて水運に依存するしかなかった交通網が、鉄道によって制約から解き放たれ、遥か遠くの街を結ぶことが可能になりました。開拓地や交通の不便な地域にとって郵便局や小学校、鉄道は町のステータスでした。明治の近代化や昭和の高度成長期、時代から取り残されないためにも熱心に誘致が行われました。

先祖から聞かされてきた鉄道誘致の着工を我が子のように喜び、工区が進むたびに七五三のように祝ってきた地元の人にとって、建設中止の悲しさは想像するに余りあります。些細な病気が子供には致命傷になるように、難工事や用地取得の遅れが命運を分け、成人式となる開業を迎えることが出来ませんでした。未成線を歩いてみると、着工の遅れたエリアがボトルネックになっていたことが感じられます。

1980(昭和55)年の工事凍結に対して、いくつかの自治体は第三セクターを準備しました。真っ先に立ち上がった野岩《やがん》鉄道や、三陸地震を機に計画され東日本大震災の大被害からも復旧させて地域のシンボルとなった三陸鉄道、高速化して北陸新幹線の代わりに高速列車を走らせていた北越北線、東西に分かれたまま凍結20年後に開業した阿佐西線と、僅か3駅で開業し２０２０年からはＤＭＶ（線路を走行可能なマイクロバス）により自力で室戸を目指す阿佐東線などなど、地域性が色濃く現れました。

それすら叶わなかった未成線がもし開業できていれば、こんな駅舎や車両が見られたのだろうと思うと、生者はただそれだけで羨ましいのです。そして何より、これほど鉄道建設が全国的に望まれた時代はもう来ないのではないか、かつて交通の王者だった時代を未成線から感じることが出来るのではないでしょうか。巨大なコンクリートのトマソン（用途を達しない、または使えなくなった構造物）は、鉄道遺産としての立派な生き証人とも言えるでしょう。

今回、コロナ禍で執筆期間の大半で取材や図書館利用の制約を受ける中、スケジュール調整に奔走してくれた辻野憲一さま、前畑温子さま、他スタッフの皆さまに感謝するばかりです。

そして最後に未成線の楽しみ方を広くに伝え資料を総括的に取りまとめ、こんにちの未成線趣味の礎を築かれた森口誠之さまに敬意を表します。

松村真人

参考文献

鉄道未成線を歩く　国鉄編　森口誠之　２００２年
鉄道未成線を歩く　私鉄編　森口誠之　２００１年
地図と鉄道省文書で読む私鉄の歩み　今尾恵介　２０１７年
全国未成線ガイド　草町義和　２０１６年
鉄道省文書　鉄道省
日本国有鉄道資料　国鉄工事局
日本鉄道建設公団資料　日本鉄道建設公団
五新鉄道建設への記録　五新鉄道期成同盟会　１９７０年
鉄道代行線の概要　日本国有鉄道自動車局
まくらぎ　鉄道新線建設促進全国協議会
広報ほろかない　幌加内町
名羽線全通に関する経済調査　国鉄旭川管理局　１９５２年
混合列車　北大鉄道研究会　１９９４年
羽幌炭鉱小史　近藤清徹　１９８７年
新羽幌町総合振興計画　羽幌町　１９８８年

町勢要覧はぼろ　羽幌町
上羽幌郷土史　上羽幌郷土史編集委員会　１９８７年
新幌加内町史　幌加内町　２００８年
北海道版帝興情報　帝国興信所
復興誌　兵庫県土木部計画課　１９５０年
神戸戦災復興誌　神戸市建設局計画部　１９６１年
神戸電鉄六十年史　神戸電気鉄道株式会社　１９８７年
神戸駅130年史　西日本旅客鉄道株式会社神戸市支社　２００５年
神戸駅史　神戸駅　１９５７年
75年のあゆみ　阪急電鉄株式会社　１９８２年
神戸高速鉄道のあゆみ　神戸高速鉄道株式会社　１９７８年
神戸市議会史　神戸市会事務局　１９３７年
神戸電鉄50年のあゆみ　神戸電気鉄道株式会社　１９７６年
宇治電之回顧　林安繁　１９４２年
輸送奉仕の五十年　阪神電気鉄道株式会社　１９６０年
大神戸　神戸市教育研究所　１９５４年
京阪神急行電鉄五十年史　京阪神急行電鉄株式会社　１９５９年
神鋼三十年史　神戸製鋼所　１９３８年

神戸高速鉄道30年の歩み　神戸高速鉄道株式会社　１９８９年
阪神急行電鐵二十五年史　阪神急行電鐵株式会社　１９３２年
山陽電気鉄道65年史　山陽電気鉄道株式会社　１９７２年
阪神電気鉄道八十年史　阪神電気鉄道株式会社　１９８５年
公営交通事業沿革史　戦前篇　神戸市　１９５８年
神戸市交通局四十年史　神戸市交通局　１９８９年
神戸市交通局六十年史　神戸市交通局　１９８１年
神戸市交通局八十年史　神戸市交通局　２００１年
新修神戸市史　神戸市　１９８９年
神戸市会史　神戸市会事務局　１９７０年
姫路港港湾計画書　兵庫県
大塩に生きる人々　大塩公民館郷土史編集員会　１９９５年
伸びゆく神戸貿易　神戸市役所　１９５１年
神戸港史概説　神戸市港湾総局　１９６１年
神戸港大観　神戸市港湾総局　１９６０年
姫路市総合計画　姫路市　１９８６年
大塩第一土地整理事情刊行記念誌　大塩第一土地区画整理組合　１９９２年
姫路市史　姫路市　２０００年

姫路市都市計画マスタープラン　姫路市都市局計画部都市計画課　２００６年
戦後二十一年に亘る石見元秀氏の思い出を語る　清和会　１９７０年
市政16年の軌跡　姫路市役所　１９８３年
自治研論集　姫路市職員組合地方行財政部　１９８８年
姫路港50年のあゆみ　姫路港50年のあゆみ発光委員会　２００２年
都市構造再編成　姫路市　１９７３年
ながたの歴史　長田区役所広報相談課　１９７７年
姫路市のモノレールについて　姫路市　１９６３年
モノレール　日本モノレール協会　１９７０年
広報ひめじ　姫路市
廃線跡の記録　三才ブックス
羽幌炭礦鉄道躍進の記録　北海道炭鉱研究会　２０１８年
市議会会議録にみる姫路モノレールの建設前史　ぶたなべ総研　２０１９年
姫路モノレールと高尾ビル　ぶたなべ総研　２０１８年

松村 真人（まつむら・まこと）

兵庫県神戸市生まれ。大阪工業大学工学部電子工学科卒。

廃墟探索をきっかけに廃線や廃道などの交通遺産に目覚める。

特に未成ジャンルに強く惹かれ、全国各地を旅している。鉱山などの産業遺産の研究・調査も行っているタイムトラベル系旅行ライター。

『廃線跡の記録』（三才ブックス）シリーズや『DARK tourism JAPAN』（大洋図書）シリーズに寄稿するほか、様々なメディアに出演。神戸マニア。

P42、53の写真は前畑温子撮影

走《はし》らなかった鉄道《てつどう》
未成線《みせいせん》を追う

2020年11月15日　第1刷発行
2021年 3 月20日　第2刷発行

著者　松村《まつむら》　真人《まこと》

編集　のじぎく文庫
発行者　金元昌弘
発行所　神戸新聞総合出版センター
〒650-0044　神戸市中央区東川崎町 1-5-7
TEL　078-362-7140　FAX　078-361-7552
https://kobe-yomitai.jp/

印刷　神戸新聞総合印刷
デザイン　正垣　修

©Matsumura Makoto 2020. Printed in Japan
乱丁・落丁本はお取替えいたします。
ISBN978-4-343-01093-3　C0065